# EDITORIAL

## Ergebnis der Themenauswahl 2014

Sie haben gewählt, liebe Leserinnen und Leser! Wir bedanken uns herzlich bei allen, die an der Themenauswahl für 2014 mitgewirkt haben, zu der wir in der vergangenen Ausgabe per Begleitbrief eingeladen hatten. Niemals hätten wir mit einer so starken Beteiligung gerechnet! Genau 554 von Ihnen haben ihre Stimme abgegeben. Und etwa ein Drittel aller Teilnehmenden hat die Gelegenheit genutzt, uns per Mail, Fax oder Brief eine Anregung, ein Lob oder konstruktive Kritik mitzuteilen. Zudem finden sich in vielen Kommentaren konkrete Anregungen und Vorschläge, welche Aspekte sich einzelne Leser/innen zu dem entsprechenden Thema wünschen.

So ist das Ergebnis ausgefallen:

1. Vier Evangelisten – ihre Zeit und ihre Werke — 39,6 %
2. Wunder – ein Phänomen der Antike? — 22,2 %
3. Die Urkirche – die ersten Christen im Kontext des Römischen Reichs — 38,2 %

Damit werden wir uns ab sofort und mit Freude für 2014 an die Arbeit zu den „vier Evangelisten" machen. Einige Autorinnen und Autoren haben wir bereits im Blick, die über diese Inhalte fundiert und auf dem neuesten Stand berichten können. Im wissenschaftlichen Beirat, unserem beratenden Expertengremium, werden wir dieses Heft in Kürze intensiv diskutieren – unter der Maßgabe Ihrer Interessen.

Für uns Redakteure war dies ein fruchtbarer Kontakt zu Ihnen: ein – wenn auch knapper – inhaltlicher Dialog, der uns motiviert und wichtige redaktionelle Impulse gibt. Es hat uns großen Gewinn gebracht, über Wochen hinweg – bis zum Redaktionsschluss dieser Ausgabe – täglich neue Reaktionen zu lesen: zu sehen, wie Sie mitdenken und unsere Arbeit durch ihr kontinuierliches Interesse begleiten – oftmals schon seit vielen Jahren.

Aufgrund des hohen Zuspruchs werden wir diese Themenfindung wie geplant im kommenden Jahr wiederholen. Wir freuen uns darauf!

Da das Thema „Die Urkirche" derart knapp hinter den „Evangelisten" lag, haben wir beschlossen, dieses Thema ebenfalls auf die Agenda zu setzen.

## Zum Thema dieser Ausgabe

Die Urkirche hat auch viele Verbindungen zum Thema dieser Ausgabe, zu den Streitigkeiten um die Göttlichkeit Jesu: So finden jene, die dieses Thema gewählt haben und etwas länger darauf warten müssen, auch hier bereits Informationen über die frühe Zeit der judenchristlichen Gemeinden und ihrer Jesusverehrung. Wir beginnen mit unserer Spurensuche an den Ursprüngen aller Christologie, am leeren Grab und den Zeugnissen im Neuen Testament. Bald darauf lässt sich beobachten, wie die theologische Debatte an Fahrt gewinnt und faszinierende Denkmodelle hervorbringt, wie sich Göttliches und Menschliches in Jesus zueinander verhalten. Diese Christologien erscheinen teilweise spekulativ oder auch abgehoben, aber es geht den Theologen der Alten Kirche um nichts Geringeres als die Erlösung der Menschheit und das Fortbestehen des Glaubens der Christen. Die Einigungen und Beschlüsse der ersten Konzilien im 4. und 5. Jh. bilden ein Fundament, dessen Hintergründe zu kennen sich lohnt!

## Reaktionen auf die Ausgabe 1/13 „Jesusreliquien"

Die Reaktionen auf die vergangene Ausgabe waren ungewohnt zahlreich – und vor allen Dingen sehr kontrovers. Neben positiven Reaktionen gab es auch deutliche Ablehnung. Dass das Thema „Reliquien" polarisieren kann, war uns bewusst, doch hat uns die Emotionalität überrascht. Unser Anliegen war, dieses für das Christentum und die abendländische Geschichte bedeutende Thema vorzustellen. Die Zuschriften haben uns gezeigt, wie intensiv „Welt und Umwelt der Bibel" von den interessierten Leser/innen wahrgenommen wird.
Eine bereichernde Lektüre wünscht

Ihre Helga Kaiser
*Redaktion Welt und Umwelt der Bibel*

# DAS NEUESTE AUS DER WELT DER BIBEL

## Terrakottafiguren aus der israelitischen Königszeit

**Figur eines Pferdes** vom Tel Motza.

**Terrakottaköpfchen,** ebenfalls vom Tel Motza.

**Jerusalem** – Im Dezember erklärte die Israel Antiquities Authority, dass bei den Ausgrabungen von Tel Motza westlich von Jerusalem eine kultische Anlage mit einer *favissa*, einer Grube zur Bestattung von Kultgeräten, aus der israelitischen Königszeit (10./9. Jh. vC) entdeckt worden ist. Die Rettungsgrabung wurde notwendig, weil eine Autobahn, der neue „Highway 1" hier entlanggeführt werden soll. Der altisraelitische Baukomplex wird beschrieben als Anlage mit starken Mauern, einem Eingang im Osten und einem quadratischen „Altar" im Hof. Aus der Grube nahe diesem Quadrat stammen Reste von Terrakottenfigurinen, die Männer und Pferde darstellen, außerdem Kelchschalen und verzierte Kultständer. Solche Funde sind aus einer Reihe anderer Bauten der Eisenzeit in Israel bekannt, für die Kultzwecke angenommen werden. Ohne die Vorlage eines Plans des als „Tempel" bezeichneten Gebäudes und die Publikation der Befunde ist allerdings Zurückhaltung in der Interpretation geboten. ■ (IAA/wub)

## Unbekannte Teile des Gilgamesch-Epos werden entziffert

**Heidelberg/Jena** – Zwei Forschungsvorhaben an deutschen Universitäten widmen sich derzeit der Erschließung von altorientalischen Keilschrifttexten.
An der Universität Heidelberg werden Tontafeln mit Keilschrifttexten aus dem 7. Jh. vC übersetzt, die bislang unbekannte Passagen des Gilgamesch-Epos enthalten. Die insgesamt 150 Tontafeln waren vom irakischen Antikendienst bei Ausgrabungen in Assur 1979 in einem Privathaus, dem sogenannten „Haus des Beschwörungspriesters" gefunden worden. Sie enthielten neben den Bruchstücken des Gilgamesch-Epos weitere literarische Texte sowie astronomische und astrologische Handbücher, medizinische Texte und privatrechtliche Unterlagen wie Kauf- und Darlehensurkunden. Nach ihrer Entzifferung sollen die Texte in einer arabisch-deutschen Edition zugänglich gemacht werden.
Ein etymologisches Wörterbuch des Akkadischen soll an der Universität Jena entstehen. Ein Team von Wissenschaftlern aus Jena, Leipzig und Moskau wird untersuchen, wie die Keilschriftsprachen und ihre Dialekte sich entwickelt haben, wie der damalige Wortschatz aussah und bis heute nachlebt. „Sumerisch, die älteste Keilschriftsprache, wurde schon um 2000 vor Christus zur Kult- und Gelehrtensprache", sagt Prof. Dr. Manfred Krebernik von der Friedrich-Schiller-Universität Jena. „Im Alltag wurde es durch das Akkadische ersetzt." Das neue Wörterbuch soll den gesamten akkadischen Wortschatz mit Angaben zu Bedeutung, Wortbildung, Herkunft, Verwandtschaft und Nachleben der Wörter enthalten. Dabei werden die Forscher auch Jagd auf neue Wörter machen. Denn obwohl zwei umfangreiche akkadische Handwörterbücher existieren, werden – aufgrund von Ausgrabungen – durch immer neu entdeckte akkadische Texte auch neue Wörter entdeckt. ■ (Uni Heidelberg/Uni Jena)

## Ein neolithisches Feuerstein-bergwerk in Jordanien

**Gadara/Umm Qays** – Wissenschaftler des Deutschen Archäologischen Instituts und der Universität Hamburg haben in der Nähe der Dekapolisstadt Gadara/Umm Qays bei einem Survey einen obertägigen Silex-Abbau, ein Feuerstein-Bergwerk aus der Jungsteinzeit (um 7.000 vC) entdeckt. Zahlreiche Feuersteinartefakte wie Stichel, Bohrer und Kratzer und ein Faustkeil aus der Mittleren Altsteinzeit (ca. 300.000–40.000 vC) belegen den Übergang vom Jäger und Sammler der Altsteinzeit zur Ackerbaugesellschaft der Jungsteinzeit (Neolithikum). ■ (DAI/WUB)

**Faustkeil** aus Gadara

## Der älteste Befund von Lepra

**Jerusalem** – Nach der partiellen Plünderung eines Grabes (*Tomb of the Shroud*/Grab des Leichentuchs) aus dem 1. Jh. nC in der Nekropole von Hakeldama beim Hinnomtal im Süden Jerusalems wurde das Grab sorgfältig untersucht. Über 20 *Ossuarien* (Knochenkisten) wurden gefunden, außerdem Stoffreste eines Leichentuchs, Haar- und Skelettpartien. Seit dem Jahr 2000 setzte sich ein Team von Bioarchäologen daran, diese Funde auszuwerten. Eines der Ziele war eine DNA-Analyse, um verwandtschaftliche Beziehungen unter den Bestatteten zu bestimmen. Es ließen sich drei Faktoren ermitteln, die bei mehreren Bestatteten nachgewiesen wurden, sodass man jetzt ein Familiengrab vermutet. Ein anderes Ziel war die Analyse von Erkrankungen. Tatsächlich wurden hier Tuberkulose und Lepra nachgewiesen. Ein an Lepra erkrankter Mann ist in einem Leichentuch in einer Grabnische beigesetzt worden, die dann wie üblich mit Verputz versiegelt wurde. Es ist bisher der älteste gesicherte Befund von Lepra. ■ (agade/WUB)

## Mikwe-Höhle am Toten Meer

**Israel** – Unter den berühmten Gräbern am Toten Meer erforscht derzeit Haim Cohen, Universität Haifa, die Höhle 27 in Nahal David, die den Rufnamen „Mikwe-Höhle" erhalten hat. Untersuchungen fanden 2003, 2006 und 2012 statt und sollen fortgeführt werden. Die Benennung beruht auf einem jüdischen Ritualbad, das unmittelbar vor dem Höhleneingang entdeckt wurde – nach Cohen einem eher ungewöhnlichen Platz. Die Höhle liegt ca. 400 m über dem Toten Meer und ist für die Ausgräber vom Plateau oberhalb zugänglich.
Zu den Funden aus der Höhle gehören Scherben der frührömischen Zeit, zwei Münzen des Herodes Agrippa I., Parfümfläschchen aus Glas, Schilf und Strohmatten, Palmzweige, Tierknochen, eine Dattel, Dattelkerne, Olivenkerne und eine Feuerstelle mit Asche.
In der Höhle suchten Juden während des 1. Jüdischen Krieges (66–70 nC) Schutz. Die Mikwe und der Fund einer Lederhülle für eine Schriftrolle haben zu Vermutungen geführt, hier könnten sich Überreste des verlorenen Archivs vom Herodianischen Tempel finden. Daneben gibt es Funde von viel früheren Benutzungen aus der chalkolithischen Zeit (4. Jahrtausend vC) und der Eisenzeit, nämlich Scherben und ein Siegel. ■ (WUB)

## Avdat wieder für Besucher offen

**Avdat** – Im Oktober 2009 wurde die nabatäisch-byzantinische Stätte von Avdat im südlichen Negev (Israel), das nabatäische *Oboda* und byzantinische *Eboda*, durch Vandalismus massiv in Mitleidenschaft gezogen. Die UNESCO stellte $ 2 Millionen zur Beseitigung der Schäden an diesem Weltkulturerbe zur Verfügung. Jetzt konnte Avdat für Besucher wieder eröffnet werden.
Oboda wurde im 3. Jh. vC von den Nabatäern als Station auf der Weihrauchstraße gegründet. In der frühen Kaiserzeit erlebt die Station ihre Blüte, bevor ein Brand zur Aufgabe des Ortes und zur Verlagerung nach Elusa führte. Der nabatäische Tempel wurde im 3. Jh. nC als Tempel des Zeus Oboda wiedererrichtet, dann für den Bau der Nordkirche niedergerissen. Auch die Südkirche weist Spolien, wiederverwendete Bauteile, auf. ■ (WUB)

## Cäsar – aus dem Feuer gerettet

**Haben Soldaten hier den Namen Cäsars verewigt? Funde aus Alexandria.**

**Alexandria** – In Kom-el-Dikka, dem ältesten Viertel Alexandrias in Ägypten, haben Archäologen des Polnischen Zentrums für Archäologie des Mittelmeerraums Marmorfragmente entdeckt, darunter etwa zehn Teile, auf denen mit roter Farbe die Namen *Caesar* und *Caesariani* geschrieben sind. Für den Papyrologen der Forschungsgruppe, Professor Adam Lukaszewicz der Universität Warschau, könnten diese Inschriften von schreibkundigen Soldaten der Cäsarengarde stammen, die einen der Cäsaren der julisch-claudischen Dynastie nach Alexandrien begleiteten. Um welchen handelt es sich? Die Form der Buchstaben weist eine Nähe zur offiziellen Schrift des 1. Jh. auf, sodass die notierten Namen den großen Gaius Julius Cäsar persönlich bezeichnen könnten, der sich in den Jahren 48–47 vC in Alexandria aufhielt, oder es handelt sich um Augustus, seinen Adoptivsohn, der die Stadt im Jahr 30 vC eroberte. Die Fragmente, die aus einem nicht identifizierten antiken Gebäude stammen, waren dazu bestimmt, in zwei Kalköfen verarbeitet zu werden, die für den Bau der Thermen des 4. Jh. nC verwendet wurden. Das ist glücklicherweise nicht geschehen.
■ (E. Villeneuve., MdB)

# Streit um Jesus:
# GOTT und MENSCH?

Mit dem Tod Jesu und der Erfahrung, dass er auferstanden war, wird die junge Kirche rund um das Mittelmeer von einer mitreißenden Dynamik ergriffen. Immer genauer versucht man zu beschreiben, auf welche Weise Jesus Gott oder Mensch war – oder beides! Die Debatte verläuft lebendig, existenziell engagiert, hitzig und sogar blutig. Auf den ersten Konzilien prallen gegensätzliche Vorstellungen darüber aufeinander, wie es sein kann, dass Gott in Jesus Mensch wird und dass Jesus der Christus der erwartete Messias ist – und „Gottes Sohn", wie der römische Hauptmann unter dem Kreuz zitiert wird (Mk 15,39). Alle Mitwirkenden in diesem „Christus-Lehren-Konzert" sind sich sicher, das Verhältnis von Gott und Mensch in Jesus richtig zu denken.

Zudem spielen politische Erwägungen, Machtfragen und der Faktor, welche Meinung in welcher Stadt durch welche Person vertreten wird, eine Rolle. Im 4. Jh. setzt sich ein Glaubensbekenntnis durch, das in faszinierender Weise die Querelen der ersten Jahrhunderte zusammenfasst und eine Lösung formuliert: Gott ist Einer in drei Personen. Doch ist es nicht aufzuhalten, dass nicht alle Christen in den unterschiedlichsten Kulturräume *einer* Lehre folgen. So beginnt mit den Konzilsbeschlüssen auch die lange Geschichte der zahlreichen Kirchenspaltungen und der Gräben zwischen den Religionen. Das Gespräch über die Frage, was es bedeuten kann, wenn „Gott Mensch wird", wird jedoch bis heute weitergeführt.

**Das Konzil von Nizäa** im Jahr 325. Kaiser Konstantin hatte es einberufen, bald nachdem er sich dem Christentum zugewandt hatte. Die theologischen Streitigkeiten, die die politische Sicherheit in seinem Reich gefährdeten, sollten geklärt werden. Dabei kam es, wie auf weiteren Konzilien auch, zu Verdammungen einzelner Lehren über Christus. Im Vordergrund wird Arius, der vertrat, Jesus sei als Sohn „nur" ein Geschöpf des Vaters, als Häretiker abgeführt. Fresko, 16. Jh., San Martino in Monti, Rom.

# Wie kann ein Mensch zugleich Gott sein?

Von Helga Kaiser

**Das Apsismosaik** in der Basilika von Sant'Apollinare in Classe in Ravenna (549) präsentiert – für alle Gläubigen gut sichtbar – die Zweinaturenlehre von Chalkedon (451): Es zeigt die Verklärung Jesu (mit Mose und Elija, die drei anwesenden Jünger dargestellt als Lämmer). Jesus erscheint als Kreuz in einer Mandorla – es verbindet Himmel und Erde, Gottes Hand (als Symbol für die Stimme Gottes) und den Menschen (hier der hl. Apollinaris). In der Verklärung konnte gut dargestellt werden, dass in der einen Person Jesu die göttliche und menschliche Natur untrennbar geeint sind – gegen jene, die zu dieser Zeit von zwei getrennten und eigenständigen Naturen sprachen.

Nach Jesu Tod gehen einige Jüngerinnen zu seinem Grab – sie finden es leer, so die Erzählung der Evangelien. Bald darauf begegnet der Auferstandene weiteren Jüngern. Schon für die Frühzeit des Christusglaubens in Jerusalem kann die Forschung heute nachweisen, dass Jesus als „Herr" bekannt wird. Und zwar von jüdischen Jüngerinnen und Jüngern, die im Monotheismus verwurzelt waren. Recht plötzlich nehmen Sie die Anrufung Jesu Christi in ihren Gottesdienst für den Gott Israels hinein, ebenso in ihr persönliches Gebet. Das ist für eine Bewegung innerhalb des Judentums absolut erstaunlich. Für sie war klar: In Jesus begegnet ihnen Gott. Dieser Mensch war für sie offensichtlich so sehr auf Gott hin transparent gewesen, dass er Gottes Sohn sein musste: Wenn nicht er, wer dann? In Jesus war für sie der eine Gott Israels als Mensch in die Welt gekommen – um die Welt zu retten. Mit den Psalmen- und Prophetentexten konnte man Jesus als den verheißenen Messias deuten. Weisheitlich-jüdische Schriften, die nicht in der Hebräischen Bibel stehen, unterstützten diese Sichtweise.

Doch dann brachen Fragen auf, die mit der Ausbreitung des Glaubens an Jesus Christus im römischen Weltreich mit seinen vielen Kulturkreisen zusammenhingen. Wenn Jesus Christus Gottes Sohn sein sollte, dann verlangte das entsprechend der griechischen Philosophie nach präziseren Vorstellungen vom Wesen Gottes und damit vom Verhältnis von Vater und Sohn. Dabei durfte der jüdische Monotheismus aber nicht angetastet werden. Die Fragen, die sich dadurch ergaben, mögen auf den ersten Blick verworren klingen, ergeben sich aber organisch auseinander:

• Wenn Jesus Gottes Sohn ist, wie ist er aus dem Vater hervorgegangen? Wurde er gezeugt? Aber wie zeugt Gott?
• Ist der Sohn auch ewig wie der Vater? Gab es eine Zeit, in der der Sohn noch nicht war? Kann der Sohn göttlich sein, wenn er einen Anfang hat? Gott hat keinen Anfang und kein Ende!
• Wann genau wurde der Sohn gezeugt? Oder wurde er geschaffen? Vor der Zeit? Vor der Weltentstehung? Bei der Weltentstehung? Danach?
• Oder ist der Sohn ein von Gott abgespaltener Teil? Ist er eine Emanation, ein Ausfluss Gottes? Hat Gott etwas von sich abgegeben, sich geteilt? Wäre der unwandelbare Gott dann wandelbar?
• Wenn die Zeugung des Sohnes zu einem Zeitpunkt geschieht, wird Gott erst dann zum Vater? Dann würde sich Gott verändern. Wenn aber Gott unwandelbar ist, muss dann nicht auch der Sohn schon ewig gezeugt sein?
• Ist der Sohn dem Vater im Wesen gleich, also identisch? Oder nur ähnlich? Kann man über das Wesen Gottes überhaupt etwas sagen? Sind Vater und Sohn zwei Wesen oder nur eins?
• Kann jemand, den Gott zeugt, mit ihm identisch sein? Hat nicht vielmehr etwas Gezeugtes zwingend eine eigene Existenz?
• Sind Vater und Sohn eine Person oder zwei Personen?
• Ist der Sohn dem Vater untergeordnet?
• Wie verhält sich das Göttliche zum Menschlichen in Jesus Christus? Wirkt eine Natur oder wirken zwei Naturen, eine menschliche und eine göttliche?
• Wer ist der Heilige Geist, der in den biblischen Schriften wie eine selbstständig wirkende Kraft erzählt wird?

Die ersten Jahrhunderte des Christentums erscheinen wie ein unüberschaubares Hin und Her: So viele Denkmodelle, Gruppierungen oder einzelne Persönlichkeiten, die allesamt überzeugt davon sind, das Geheimnis des Vaters und des Sohnes richtig zu verstehen! Um 450 nC stehen allerdings die wichtigsten christologischen Entscheidungen fest: Auf vier großen, „ökumenischen", also weltweit – was damals den Mittelmeerraum bezeichnete – verbindlichen Konzilien war entschieden worden, dass Gott der unwandelbare, ewige Eine ist und in sich drei Personen birgt, den Vater, den Sohn und den Heiligen Geist. Die zweite Person, der Sohn, hat zwei Naturen, eine göttliche und eine menschliche. Die drei Personen Vater, Sohn und Geist sind in gleicher Weise anzubeten.

Der Preis für diese Einigung waren die ersten Spaltungen in der Kirche: Im Osten konnten maßgebliche Theologen der Vorstellung nicht folgen, dass Jesus zwei getrennte Naturen in sich hat. Für sie hatte Jesus nur eine vermischte göttlich-menschliche Natur. Andere wiederum, die sogenannten „Nestorianer", konnten die menschliche und göttliche Person nur getrennt voneinander denken. Es kam zu Ausschlüssen, Verurteilungen, Verdammungen und Exkommunikationen.

Bei näherer Betrachtung der Geschichte dieser Debatten drängt sich eine Frage auf, die Andreas Merkt formuliert (S. 41):

### „Sind die Grundbekenntnisse der Christen nicht eher das Ergebnis politischer Kämpfe als das Resultat theologischer Vernunft?"

Hätte es auch anders kommen können? Waren all das nur politische Entscheidungen, besonders eines Kaisers Konstantin, dem die Theologie weitgehend egal war, wenn nur eine christologische Lehre politische Einheit herstellen konnte? Ist es denkbar, dass die Christen durch andere Entscheidungen auf den ökumenischen Konzilien heute etwas anderes glaubten? Dass sie ein anderes Verständnis vom Menschsein und der Erlösung der Menschheit hätten, die an den Gottessohn Jesus und seine Menschwerdung geknüpft sind?

Die Trinitätslehre der frühen Kirche, die am Ende dieser leidenschaftlichen, intelligenten und bisweilen blutigen christologischen Debatten der ersten Jahrhunderte steht, will das präziser auslegen, was die ersten christusgläubigen Jüdinnen und Juden erfahren und gedeutet haben: die Begegnung mit Gott. Und die frühe Kirche hat tatsächlich Worte dafür gefunden, die bis heute auch durch alle Kirchenspaltungen hindurch Gültigkeit haben.

Teilweise mögen die Querelen der frühen Kirche anmuten wie das Machtspiel einflussreicher, zänkischer Männer. Doch erweist sich bei näherem Hinsehen, dass hier kluge und engagierte Männer und Frauen (wie etwa Melania die Ältere und Paula) viele Aspekte zusammengedacht haben, indem sie sich folgende Fragen stellen: Mit welchen Begriffen feiern die Menschen die Liturgie? Zu was bekennen sie sich? Was steht in den jüdischen Schriften über Gott? Wie reden die Philosophen über das Göttliche? Wann kann man die „Erlösung" schlüssig darstellen?

Berechtigt bleibt auch die Frage: Sind das nicht Haarspaltereien? Ob die menschliche und göttliche Natur nun getrennt oder ungetrennt, vermischt oder unvermischt sind oder ob Jesus ganz Gott oder nur fast ganz Gott ist? In der Volksfrömmigkeit mag es manchmal scheinen, dass Gläubige Jesus eher als einen eigenen Gott anrufen oder nur Gottvater als Gott verstehen und Jesus unterordnen oder vielleicht sogar Maria einen göttlichen Status verleihen. Dagegen wahrt die frühe Kirche mit beharrlicher Entschiedenheit den Monotheismus – Gott ist der Eine, der Einzige und Ewige –, auch gegenüber Lehren, die auf den ersten Blick „harmlos" erschienen, im Detail aber den Monotheismus verwässern konnten. Auf dieser Ebene ist der Trialog mit dem Judentum und dem Islam möglich. Seine Grenzen findet er in der Menschwerdung Gottes und im Bekenntnis zu Jesus als wahrem Gott und wahrem Menschen. ■

**Denkmodelle im 2. und 3. Jahrhundert**

# Die frühe Kirche auf der Suche

**Bei der Taufe Jesu** erklärt eine Stimme aus dem Himmel: „*Du bist mein geliebter Sohn, an dir habe ich Gefallen gefunden.*" Manche Theologen der frühen Kirche verstanden das so, dass Jesus hier erst als Gottes Sohn adoptiert wurde. Darstellung mit dem knabenhaften Christus und einer Taube, die göttliche Lichtstrahlen ausgießt. Marcellinus-Petrus-Katakombe in Rom, vermutlich Mitte 4. Jh.

Jesus von Nazaret hatte als Mensch im antiken Palästina gelebt, und seine Jüngerinnen und Jünger bekannten sich zu ihm als Sohn Gottes – beides zusammenzudenken, Gottheit und Menschheit Jesu, das bewegte die junge Kirche im Römischen Reich des 2. und 3. Jahrhunderts. Es entstanden die unterschiedlichsten Lehren und Gegenentwürfe: War Christus Gott und kein Mensch? Oder war er Mensch, dann aber kein Gott? Die Fragen führten ins innerste Wesen Gottes, in das Verhältnis von Vater und Sohn. Die faszinierenden Debatten dieser Zeit bilden die Basis der späteren Konzilsbeschlüsse.

**Von Andreas Merkt**

„Sie singen Christus Lieder wie einem Gott (quasi Deo)" – berichtet der Statthalter Plinius seinem Kaiser Trajan Anfang des 2. Jh. nC von der Schwarzmeerküste über die Anhänger der neuen Religion. In der Tat verehrten die Christen Jesus von Nazaret von Anfang an wie einen Gott. Schon in einem Hymnus, den Paulus zitiert, heißt es: „*Er war Gott gleich*" (Phil 2,6).

Das Bekenntnis zu Christus als Gott ist aber nur die eine Seite. Auf der anderen Seite identifizierten die frühen Christen Christus nämlich – das bezeugen vor allem die Evangelien – mit der historischen Person Jesus von Nazaret.

Damit ergab sich eine doppelte Frage. Zum einen: Wie ist das *Gottsein* Jesu zu denken? Zum anderen: Wie ist das *Menschsein* des Erlösers zu verstehen, der schon vor seiner irdischen Existenz bei Gott war und nun wieder bei ihm ist und von dort seine göttliche Herrschaft ausübt? Oder in einer einzigen Frage formuliert: Wie sind das Gottsein und das Menschsein Christi zusammenzudenken?

Dabei zeigten sich zwei extreme Wege, wie man einem scheinbar ausweglosen Dilemma entgehen konnte. Entweder man betrachtete Christus eher als Gott und stellte sein Menschsein infrage. Oder man sah in ihm vor allem einen von Gott erwählten Menschen, leugnete also sein Gottsein.

### Die Doketen: Christus ist nur ein Pseudo-Mensch

Die Vertreter der ersten These hatten vor allem ein Problem: Christus hatte als historische Person gewirkt. Das hat in der ganzen Antike niemand geleugnet, auch nicht die Feinde des Christentums. Man löste nun das Problem auf eine einfache Weise: Christus war eben kein wirklicher Mensch, sondern nur ein *scheinbarer*. Von dem griechischen Wort für „scheinen" oder „erscheinen", *dokein*, haben dann diese Denker auch ihren Namen bekommen: Man nennt sie Doketen.

Einer dieser Doketen schrieb im 2. Jh. über die Passion: „*(Jesus) hat nicht gelitten, sondern ein gewisser Simon von Cyrene, den man zwang, für ihn das Kreuz zu tragen. Dieser wurde irrtümlich und unwissentlich gekreuzigt, nachdem er von ihm verwandelt war, sodass er für Jesus gehalten wurde. Jesus aber nahm die Gestalt des Simon an und lachte, indem er dabeistand.*"

Das Interesse, das diese Verwechslungstheorie verfolgt, liegt auf der Hand: Sie versucht, Christus von der geschaffenen Welt loszulösen, ihn von der ganz und gar ungöttlichen Geschichte zu entlasten. Er ist Geist, der sich von Welt und Geschichte distanziert. Diese Distanzierung zeigt sich im Lachen über die Kreuzigung, ein Topos, der bei anderen Doketen wiederkehrt: der lachende, erhabene, ganz und gar nicht erniedrigte göttliche Christus.

**Weshalb kam es zur Verurteilung des Doketismus?** Der Doketismus konnte sich nicht durchsetzen. Der erste Grund liegt in der urchristlichen Erfahrung, wie sie sich im Neuen Testament niedergeschlagen hat: Die Jünger sind dem Auferstandenen begegnet, und ihnen war dabei klar, dass er identisch ist mit dem Menschen Jesus, den sie zuvor begleitet hatten. Die doketische Lösung, Christus das Menschsein abzusprechen, schien zu sehr dieser tatsächlichen Erfahrung seines Menschseins zu widersprechen. Gegenüber dieser Erfahrung musste die These vom Scheinleib als ein intellektuelles Konstrukt erscheinen, ein Konstrukt, das sich systemnotwendig aus einer Philosophie ergab, die alles Leibliche und alles Geschichtliche gegenüber dem Geistigen abwertete. In diesem System konnte ein Gott nicht wirklich das ungöttliche Fleisch annehmen, sondern höchstens in fleischlicher Gestalt erscheinen.

Doch dann stellt sich im Blick auf den doketischen Christus eine entscheidende Frage: Kann dieser Christus uns wirklich in unserem Menschsein erlösen – also nicht nur äußerlich freisprechen, sondern auch innerlich befreien –, wenn er nicht unseren Weg, den fleischlichen, geschichtlichen Weg der Menschen gegangen ist, wenn er eben nur ein Gott ist? Wenn also nicht ein wirklicher Mensch in Christus gestorben und von den Toten auferstanden ist? Im 2. Jh. nC bringt (Pseudo-?) Ignatius von Antiochien diesen Gedanken auf den Punkt: Wenn Christus nur einen Scheinleib hatte, dann ist unsere Erlösung nicht sicher (s. Quellentext S. 14).

## Die Begriffe der Kontroverse ▪ Teil 1: Christologien im 2. und 3. Jh.

### SUBSTANZ
bezeichnet das, was die Einheit und Gemeinsamkeit der göttlichen Personen ausmacht.

### HYPOSTASEN
sind im griechischsprachigen Osten das, was die Lateiner eigentlich mit „Personen" meinten: für sich stehende Realitäten, die in einer unauflösbaren Beziehung zueinander stehen – Vater, Sohn und Geist.

### DOKETEN
gehen davon aus, dass Christus nur zum Schein am Kreuz gelitten hat und gestorben ist (griech. *dokein*, „scheinen"). In Wahrheit blieb er immer ganz ein göttliches Wesen, auch sein menschlicher Leib war nur scheinbar menschlich.

### PERSON
bezeichnet Gottes Ausprägungen in Vater, Sohn und Geist. Gott ist nicht einfach nur eine Einheit, sondern eine in sich differenzierte Vielheit dreier eigenständiger Personen. Der griechischsprachige Osten lehnte diesen lateinischen Begriff vehement ab, weil der entsprechende griechische Begriff *prosopon* („Maske") darauf schließen ließ, dass Gott nicht in seinem Wesen dreifaltig ist, sondern auf der Bühne der Geschichte nur in drei unterschiedlichen Rollen auftritt (s. Modalisten).

### ADOPTIANER
### EBIONITEN
Für diese Gruppen ist und bleibt Jesus wesensmäßig ganz Mensch, auch wenn Gott ihn bei der Taufe auserwählt/adoptiert, ihm außergewöhnliche Kräfte und den Geist Gottes für seine Mission verleiht und ihn zu seinem Sohn erhebt.

### PRÄEXISTENZ
bezeichnet die Vorstellung, Jesus habe bereits vor seiner irdischen Existenz bei Gott existiert.

### MODUS
bezeichnet in der Trinitätslehre eine „Erscheinungsweise" Gottes.

### MODALISTEN
### SABELLIANER
Der Modalismus lehrt, dass Gott in sich nicht differenziert ist: Er ist nur *eine* Person, die in unterschiedlichen *Modi* als Vater, Sohn oder Geist erscheint. Für Sabellius ist Gott in seinem Wesen nicht unterschieden. Vater und Sohn sind identisch, der Sohn damit ganz Gott, nicht Mensch.

---

**Die Adoptianer: Jesus als Gottes Adoptivsohn**

Die These auf dem Gegenpol bestand in der Leugnung des Gottseins Jesu. Sie war anfangs vor allem in judenchristlichen Kreisen verbreitet. Hier gab es Gruppen, die die Präexistenz Christi und damit auch seine Inkarnation leugneten. Die bekannteste dieser Strömungen bilden die sogenannten Ebioniten. Über ihre Vorstellungen können wir uns ein gutes Bild machen, weil sie in einem Evangelium überliefert sind – das sogenannte Ebioniter-Evangelium –, das wahrscheinlich im 2. Jh. nC entstanden ist. Die Fragmente, die von diesem Evangelium erhalten sind, reichen aus, um das Christusbild der judenchristlichen Ebioniten zu rekonstruieren.

Danach ist Jesus nur ein Mensch. Bei der Taufe im Jordan erklärt ihn Gott mit seiner Stimme aus dem Himmel zu seinem Sohn. Jesus ist dann der Auserwählte Gottes, der wahre Prophet, bleibt aber wesensmäßig eben nur ein Mensch. Eine ähnliche Lehre vertraten im 2. Jh. auch einige Gnostiker, um das Jahr 120 etwa Kerinth und um 150 einige Gruppen der Valentinianer. Es wird dabei deutlich, warum man diese Lehre „Adoptianismus" nennt: weil ihr zufolge der Mensch Jesus von Gott als Sohn angenommen, adoptiert wurde.

Als eine reflektierte Lehre begegnet der Adoptianismus erstmals um 200 nC bei Theodotus dem Gerber und seinem Schüler Theodotus dem Bankier: Jesus habe in der Taufe den Geist Gottes und damit göttliche Kräfte empfangen. Dadurch sei er zum Propheten, neuen Mose und Christus geworden.

Die Adoptianer konnten sich im frühen Christentum ebenso wenig durchsetzen wie die Doketen. Die Ebioniten blieben eine von der Mehrheit der Christen nie akzeptierte Sondergruppe. Und Theodotus wurde vom Bischof von Rom, Viktor I., exkommuniziert.

**Weshalb wurde die Vorstellung von Christus als einem erwählten Menschen abgelehnt?** Da war zum einen wiederum die urchristliche Erfahrung. Den Christen, die den Auferstandenen erfahren hatten, war klar: Das ist eine Gotteserfahrung, die ihnen da zuteil geworden war. Davon zeugen die Gottesprädikate, die im Neuen Testament für Jesus verwendet werden. Angesichts dieser Erfahrung, die dann auch von späteren Christen im Gebet nachvollzogen wurde, angesichts

*Für die Mehrheit der Christen bestand kein Zweifel: Irgendwie musste Jesus beides sein. Wenn nicht, dann steht unsere ganze Erlösung infrage*

dieser überwältigenden Gotteserfahrung in Christus, erschien die Adoptionstheorie als ein mühsamer Versuch, eben diese Erfahrung mit dem gesunden Menschenverstand in Einklang zu bringen, demzufolge ein Mensch nicht zugleich wesensmäßig Gott sein kann.

Entscheidend war aber wiederum ein die Erlösung betreffendes (*soteriologisches*) Argument, das sich aus dieser christlichen Erfahrung ergibt: Am Anfang stehen die Erfahrung und das Bekenntnis, dass Jesus der Christus, der Erlöser und Retter (griech. *soter*) ist. Als solcher wurde er erfahren und bekannt. Dann stellt sich aber die Frage: Kann er wirklich der Erlöser der Menschen sein, wenn er selbst nur ein Mensch ist? Hat er dann die Macht dazu?

Für die Mehrheit der Christen bestand kein Zweifel: Irgendwie musste Jesus beides sein – wesensmäßig Gott und wesensmäßig Mensch. Wenn nicht, dann steht unsere ganze Erlösung infrage. Wie man sich aber dieses Miteinander von Gottsein und Menschsein Christi denken sollte, blieb unklar.

Einen bedeutsamen Lösungsversuch hat dann der christliche Theologe Justin mit seiner „Logos-Christologie" unternommen.

### Christus als der menschgewordene göttliche Logos

Justin kam in den ersten Jahrzehnten des 2. Jh. nach Rom. Er trug einen Philosophenmantel. Das war in Rom damals nicht ungewöhnlich, denn von philosophischen Lehrern wimmelte es in der Metropole des Imperiums. Ungewöhnlicher war da schon, dass dieser Philosoph sich als Christ bekannte. Wer in seine Schule

**Soteriologie**
„Lehre von der Erlösung", von griech. *soter*, „Erlöser/Retter". Sammelbegriff für alle theologischen Modelle und Argumente, auf welche Weise Christus die Menschen erlöst hat.

---

ZUM BESSEREN VERSTÄNDNIS DER ARGUMENTATIONEN:
## DAS SUPERMAN- UND DAS SPIDERMAN-MODELL

Das entscheidende Argument in der Debatte um die Identität Jesu war meist, ob sich die Erfahrung von Erlösung und Rettung stimmig erklären ließ, also das *soteriologische* Argument; das Argument, das vom Grundbekenntnis der Christen ausgeht und die grundlegende religiöse Erfahrung der Christen zum Ausdruck bringt: Jesus ist der Christus und damit der Erlöser und Retter (griechisch: *soter*). Damit stellt sich die Frage: **Wie muss dieser Christus sein, damit er den Menschen retten und erlösen kann?**

Die eine einseitige Antwort lautet: Er muss mehr sein als ein bloßer Mensch, er muss schon Gott oder ein gottgleiches Wesen sein. Das ist sozusagen das **Superman-Modell**: Der Retter ist ein Übermensch, der aus einer anderen Welt kommt und nur wie ein Mensch aussieht. Dieses Modell vertraten in unterschiedlichen Varianten die Doketen und dann auch Arius (vgl. Beitrag von Uta Heil), aber auch die Modalisten, für die Christus nur eine Erscheinungsform des einen Gottes selbst ist.

Die andere extreme Antwort, die der Adoptianer, entspricht dem **Spiderman-Modell**: Der Retter ist ein bloßer Mensch, der aber eine besondere Kraft erhält, Spiderman durch den Biss einer Spinne, Jesus durch die Taufe im Jordan.
Die kirchliche Antwort, die sich durchgesetzt hat, versucht beides zu verbinden: Der Retter muss mehr als ein Mensch sein, ja, mehr als irgendein noch so übermenschliches Geschöpf, weil ein bloßes Geschöpf nicht die Macht hätte, den Menschen und die gesamte Schöpfung zu erlösen. Und er muss Mensch sein, weil einer, der kein Mensch ist, den Menschen auch nicht wirklich von innen heraus als Menschen erlösen kann. *(A. Merkt)*

**Der Übermensch:**
Superman stammt aus einer anderen Welt und ist in Menschengestalt auf der Erde gelandet. Er sieht nur aus wie ein Mensch.

**Der Sondermensch:**
Spiderman wurden als junger Mann durch den Biss einer Spinne besondere Kräfte verliehen. Er bleibt aber ganz Mensch.

## JESUS IN DEN AUGEN DER GRIECHEN UND RÖMER

Für den durchschnittlichen Griechen oder Römer stellte es kein Problem dar, dass ein Mensch als Gott verehrt wurde.

Als Antinoos, der junge Geliebte Kaiser Hadrians, im Jahre 130 im Nil ertrank, ließ ihn der Kaiser zum Gott erklären und in zahlreichen Städten auch als solchen verehren. Auch im privaten Bereich zeigte man kaum Hemmungen, einen Menschen zu vergöttlichen. So konnte ein Mann seine verstorbene Gattin auf dem Grabstein „meine verehrte Göttin" (*dea sancta mea*) nennen. Wie schnell man zu göttlichen Ehren gelangen konnte, mussten auch Paulus und Barnabas erfahren. Als sie in Lystra einen Gelähmten heilten, riefen die Leute aus: „*Die Götter sind in Menschengestalt zu uns herabgestiegen.*" Man schleppte Stiere herbei, um sie den beiden als Opfer darzubringen (Apg 14,8-20).

Auch in den innerchristlichen Diskussionen stellte entsprechend weniger die grundsätzliche Göttlichkeit Jesu ein Problem dar als die Frage, *welcher Art* seine Göttlichkeit war. Wohnte nur eine göttliche Kraft in ihm (so Theodotus)? War er ein vor aller Zeit geschaffenes göttliches Wesen (so Arius)? Oder war er gar der eine oberste Gott selbst (so Sabellius)?

Es gab aber vor allem einen Grund, weshalb die Heiden Jesus Christus nicht in ihr Pantheon aufnehmen konnten: Man empfand die Tatsache als Skandal, dass er den schändlichen und hässlichen Tod eines Verbrechers am Kreuz gestorben war.

Der christliche Philosoph Justin schreibt um 150 nC in seiner Schrift *Apologie*: „*Denn darin beschuldigt man uns des Wahnsinns, dass man sagt, wir weisen den zweiten Rang nach dem unwandelbaren und ewigen Gott, dem Weltschöpfer, einem gekreuzigten Menschen zu.*"

Der Heide Kelsos betont um 180 nC in einem antichristlichen Pamphlet: Christus ist „*nicht ein reiner und heiliger Logos*", sondern ein Mensch, „*der aufs Schimpflichste zum Tode abgeführt und gemartert wurde*".

Um dieses Argument zu entkräften, griffen christliche Apologeten auf die Vorstellung vom leidenden Gerechten zurück, die sich nicht nur in den Schriften des Alten Testaments, sondern auch in Platons Werk über den Staat findet. Platon schreibt dort, dass wahre Gerechtigkeit sich erst dann zeigt, wenn der Gerechte als Ungerechter erscheint, wenn er also unabhängig von der Meinung der Menschen und gegen Widrigkeiten seine Gerechtigkeit durchhält: „*Sie werden dann sagen, dass der Gerechte unter diesen Umständen gegeißelt, gefoltert, gebunden werden wird, dass ihm die Augen ausgebrannt werden und dass er zuletzt nach allen Misshandlungen gekreuzigt werden wird.*"

Der entscheidende Einwand *gegen* die Göttlichkeit Jesu – sein Kreuzestod – wurde damit umgekehrt in ein Argument *für* seine Göttlichkeit: In einer gottlosen Welt muss Gott selbst am Kreuz enden. *(A. Merkt)*

**Anschlussfähig:** Platons Idee vom leidenden Gerechten. Römische Kopie eines Platon-Porträts von 370 vC. Rom, Kapitolinische Museen.

**Der göttliche Antinoos**, Hadrians jugendlicher Geliebter, den der Kaiser posthum im ganzen Römischen Reich als Gott darstellen ließ.

ging, der hörte, dass das Christentum die wahre Philosophie sei. Justin hatte es sich zur Aufgabe gemacht, die Lehre des Christentums mit dem begrifflichen Instrumentarium der zeitgenössischen griechisch-römischen Philosophie zu erklären. Zwei seiner Schriften sind erhalten. Er schrieb eine Apologie an die römischen Kaiser, in der er das Christentum gegen Vorwürfe verteidigte. Dieser Apologie hat er dann einen Anhang angefügt, der oft als „2. Apologie" bezeichnet wird. Außerdem ist von Justin ein Dialog mit einem Juden namens Tryphon erhalten (vgl. Beitrag von D. Schumann). Beide Schriften geben uns einen Einblick, wie Justin seinen Zeitgenossen das Verhältnis Christi zu Gott erklärt hat.

Er tat dies, indem er Christus mit dem göttlichen Logos identifizierte. Den Begriff *logos* („Wort", „Vernunft") hatte schon hundert Jahre zuvor der jüdische Philosoph Philo von Alexandria verwendet, um biblische und philosophische Traditionen zu verbinden, denn in beiden kam der Begriff bereits vor. Für Philo ist der Logos Gottes erstgeborener Sohn und ein zweiter Gott. Durch den Logos erschafft Gott die Welt, und durch ihn offenbart er sich auch.

Justin sagt nun (wie schon der Prolog des Johannesevangeliums): Dieser Logos wird greifbar in Jesus von Nazaret. In Jesus ist der Logos *inkarniert*, Fleisch geworden. Zugleich betont er aber auch das Menschsein Jesu. Damit tat sich im 2. Jh. aber ein ganz neues Problem auf. Justin hatte gegenüber den Adoptianern sowie den Heiden und Juden das Gottsein Jesu unterstrichen. So hatte er ihn nicht nur mit dem Logos identifiziert, sondern ihn auch ausdrücklich den „anderen Gott" genannt. Vertrat Justin damit nicht einen *Ditheismus*, eine Zwei-Götter-Lehre? Die Logoslehre rief nun Kritiker auf den Plan, die wiederum ins andere Extrem verfielen.

### Die Modalisten: Christus als „Maske" Gottes

Gegen die Gefahr des Ditheismus versuchte seit Ende des 2. Jh. eine Reihe von christlichen Lehrern, den strikten Monotheismus zu retten.

Sie behaupteten: Der Unterschied zwischen Vater und Sohn liegt nicht in Gott selbst, sondern nur in der Benennung. Die unterschiedlichen Bezeichnungen bringen nur verschiedene Aspekte ein und desselben, in sich nicht unterschiedenen Wesens zum Ausdruck. Sie sind nur Weisen (lat. *modi*), in denen die eine, in sich nicht differenzierte Gottheit erscheint – so wie der Mond mal als Vollmond, mal als Halbmond zu sehen ist. Deshalb nennt man diese Lehre „Modalismus".

Diese Lehre wurde Anfang des 3. Jh. von einem gewissen Sabellius verkündet. Von Sabellius wissen wir kaum etwas Sicheres. Er scheint ungefähr Folgendes gelehrt zu haben: Der eine Gott hat sich durch die Schöpfung in der Person des Vaters offenbart und durch die Erlösung in der Person des Sohnes.

Das Wort „Person" (lat. *persona*, griech. *prosopon*) verwendet Sabellius im ursprünglichen Wortsinn: Die *prosopa* oder *personae* waren im antiken Theater die Masken der Schauspieler. Von daher kam es zu der übertragenen Bedeutung: die Rolle, die jemand annimmt und einnimmt. Die Personen sind demnach lediglich die Masken, die historischen Rollen, die Erscheinungsweisen des einen Gottes. Die Unterscheidung von Vater und Sohn gehört also nicht zum Wesen Gottes. Vater und Sohn sind nur scheinbar, aber nicht wirklich unterschieden.

Sabellius hat in der Häresiologie eine besondere Bedeutung erlangt. Wann immer man später, vor allem im Osten, einer Lehre den Vorwurf machte, sie sei modalistisch, benutzte man das Etikett: sabellianisch.

Im Westen nannte man diese Lehre auch „Patripassianismus". Das hängt damit zusammen, dass einige der Modalisten, Noet und Praxeas, Folgendes lehrten: Weil der Sohn mit dem Vater identisch ist, hat der Vater am Kreuz gelitten. Man könne also von der *patris passio*, vom „Leiden des Vaters", sprechen.

Die Lehre des Sabellius, also der Modalismus, wurde wohl noch von Bischof Kallist in Rom um das Jahr 220 als Häresie verurteilt. Zur gleichen Zeit bekämpfte der römische Presbyter Hippolyt den Sabellianismus, indem er die Logostheologie wieder zur Geltung brachte. Dafür musste er sich aber seinerseits von Bischof Kallist den Vorwurf gefallen lassen, ein Ditheist zu sein.

Das Bekenntnis zur Göttlichkeit Christi hatte die schwierige Frage zur Folge, wie man sich dann Gott

> Die Personen sind für Sabellius lediglich Masken: die historischen Rollen, die Erscheinungsweisen des einen Gottes

denken sollte. Wie verhält sich der Gott Christus zu dem Gott, zu dem Christus gebetet hat, mit anderen Worten, wie stehen Vater und Sohn zueinander? Die Frage nach Christus führte also zur Frage nach dem Wesen Gottes und damit letztlich zur Lehre von der Trinität.

### Tertullian: Christus als Gott und Mensch

Einer der Modalisten, vielleicht ein Mann namens Praxeas oder einer seiner Schüler, hat die Lehre nach Karthago in Afrika getragen. Dort traf sie auf einen geistreichen Gegner, auf Tertullian, der um das Jahr 213 einen Traktat *Gegen Praxeas* schrieb.

Gegen den Modalismus betont Tertullian: Jesus Christus ist eine göttliche Person, der Sohn oder Logos, und zwar „im Fleisch". In ihm sind Gottheit und Menschheit verbunden. Er ist „Gott und Mensch".

Auch bei Tertullian schwingt noch der ursprüngliche Wortsinn von *persona* mit, aber die Personen sind bei ihm doch mehr als bloße Rollen oder Erscheinungswei-

### QUELLENTEXTE:
### „CHRISTUS Aß UND TRANK, LITT UND STARB – SONST LEIDE ICH JA UMSONST!"
*(Pseudo-?)Ignatius von Antiochien, Brief an die Trallianer 9-10*

### „DER SOHN KANN JA NICHT DEN VATER UM ETWAS BITTEN, WENN ER SELBST DER VATER IST!"
*Tertullian, Gegen Praxeas (der gelehrt hatte, dass Vater und Sohn identisch sind), Kap. 23*

Ignatius, in Fesseln im Gefängnis, bevor er den wilden Tieren in der Arena vorgeworfen werden soll, wendet sich in seinem Brief gegen die Doketen, die Christus nur einen Scheinleib zuschrieben, der nicht Schmerzen gelitten habe, um ihn gänzlich als göttliches Wesen verstehen zu können. (Manche Forscher halten den Brief für eine Fälschung, die einige Jahrzehnte nach dem Tode des Ignatius entstanden sei.)

„Verstopft ... eure Ohren, sobald euch einer Lehren bringt ohne Jesus Christus, der aus dem Geschlechte Davids, der aus Maria stammt, der wahrhaft geboren wurde, aß und trank, wahrhaft verfolgt wurde unter Pontius Pilatus, wahrhaft gekreuzigt wurde und starb vor den Augen derer, die im Himmel, auf der Erde und unter der Erde sind, der auch wahrhaft auferweckt wurde von den Toten, da ihn sein Vater auferweckte; denn nach diesem Vorbild wird uns, die wir an ihn glauben, sein Vater auch so auferwecken in Christus Jesus, ohne den wir das wahre Leben nicht haben. Wenn aber einige Gottlose, das heißt Ungläubige, behaupten, es sei nur Schein, dass er gelitten hat, da sie doch selbst nur Schein sind: Warum bin ich dann gefesselt, warum sehne ich mich dann nach dem Kampf mit den wilden Tieren? Umsonst also sterbe ich. Also rede ich die Unwahrheit über den Herrn."

**Jesus vermehrt die Brote**, Darstellung in der Katakombe in der Via Anapo, Rom, um 250. Gott sei im Mensch Jesus ganz anwesend, so der Theologe Origenes.

Törichter Praxeas ... den Sohn hast du auf der Erde und den Vater im Himmel. Das ist keine Teilung, sondern die göttliche Disposition. Im Übrigen aber wissen wir, dass Gott auch in den Abgründen gegenwärtig ist und sich überall befindet, und zwar seiner Kraft und Macht nach. Auch der Sohn als (von ihm) ungetrennt ist mit ihm überall. Jedoch dem Heilsplan nach wollte Gott, dass der Sohn sich auf der Erde befinde, er selber aber im Himmel. Dahin blickte auch der Sohn auf, wenn er betete und etwas verlangte; dahin lehrte er auch uns beim Gebete uns richten: „Vater unser, der Du bist in den Himmeln", obwohl derselbe überall ist. ... Der Sohn auf der Erde erbittet, der Vater vom Himmel herab verspricht. Warum machst du Vater und Sohn zu Lügnern? Wenn der Vater vom Himmel herab zum Sohne sprach, während er selbst, als Sohn, auf der Erde war, oder wenn der Sohn an den Vater eine Bitte richtete, da er doch selbst Sohn im Himmel war, so frage ich, was soll es heißen, dass der Sohn sich selbst um etwas bittet, indem er den Vater bittet, wenn der Sohn der Vater war, oder umgekehrt, dass der Vater sich etwas verhieß, indem er es dem Sohne verhieß, wenn dieser der Vater war? Gesetzt, wir behaupteten wirklich zwei getrennte Personen, wie Ihr uns immer vorwerfet, so wäre das immer noch erträglicher, als Gott zu einer Art Wechselbalg zu machen. ..."

---

sen Gottes. Sie sind konkrete Gestalten Gottes (*species*), sozusagen Individuen. Deshalb stimmt es nach Tertullian nicht, zu sagen, Gott sei „einer" (*unus*).

Auf der anderen Seite versucht er jedoch auch der Gefahr des Ditheismus durch eine klare Terminologie zu entgehen. So ist Gott zwar nicht einer (*unus*), aber er ist „eines" (*unum*). Er stellt also eine Einheit von zweien und, wenn man den Geist hinzunimmt, von dreien dar, eine Dreieinheit (*trinitas*). Hier taucht erstmals der Begriff „Trinität" auf. Die drei sind untrennbar. Sie bilden eine Substanz in drei Zusammenhängenden (*una substantia in tribus cohaerentibus*).

Aus diesen von Tertullian gebildeten Begriffen hat die spätere westliche lateinische Theologie ihre maßgebliche Orientierungsformel abgeleitet: *una substantia, tres personae*. „Substantia" dient also als Bezeichnung für die Einheit in Gott und „Persona" für die Vielfalt in Gott.

Das Problem war nun, dass das Wort *persona* in den Ohren der östlichen, griechischsprachigen Theologen immer noch einen stark modalistischen Beiklang hatte. Schließlich hatte Sabellius diesen Begriff – beziehungsweise sein griechisches Pendant *prosopon* – gebraucht, um die Erscheinungsweisen des in sich nicht differenzierten einen Gottes zu bezeichnen. Besonders die östlichen Theologen sollten deshalb später diesen Begriff vehement ablehnen. Für sie erlangte eine andere Bezeichnung für die göttliche Vielfalt Bedeutung: das griechische Wort „Hypostase". Dieser Begriff wurde in seiner trinitätstheologischen Bedeutung durch einen

Theologen geprägt, der Tertullian in nichts nachstand: Origenes.

### Origenes: Christus als fleischgewordene Hypostase Gottes

Origenes hat im 3. Jh. in Alexandria und Antiochia als christlicher Lehrer gewirkt. Er ist bis heute eine schillernde Figur. Er gilt als Vater aller Häresien und zugleich auch als ein Vater der Orthodoxie. Diese widersprüchliche Wirkung und Rezeption ist vor allem auf zwei Ursachen zurückzuführen. Die eine liegt in Origenes selbst begründet: Er betrieb eine suchende, tastende, experimentelle Theologie zu einer Zeit, als viele Fragen noch nicht definitiv geklärt waren. Der zweite Grund für den schillernden Charakter seiner Theologie liegt in der Überlieferung seines Werkes. In den sogenannten origenistischen Streitigkeiten im 4. und 6. Jh. wurden seine Schriften offenbar von Gegnern wie von Anhängern jeweils für ihre Zwecke manipuliert.

Origenes hat den Begriff der Hypostase (*hypostasis*) ins Gespräch gebracht. Alle drei – Vater, Sohn und Geist – sind für Origenes nicht einfach Erscheinungsweisen, sondern mehr als das: Hypostasen. Damit meint er Seinsweisen, Wirklichkeitsweisen Gottes, für sich stehende Realitäten, die allerdings nicht getrennt werden können. In jeder Hypostase ist Gott ganz anwesend. Jesus Christus ist nun für Origenes die Inkarnation der zweiten Hypostase Gottes, des Logos oder Sohnes. In Jesu Menschheit ist die Fülle der Gottheit präsent.

Auch das griechische Wort „Hypostase" bot wie das lateinische „Persona" einen Ansatz für ein Missverständnis. Es konnte mit *substantia* übersetzt werden – zur Erinnerung: Tertullian hatte in Latein damit die Grundeinheit Gottes benannt – und somit im Sinne eines Di- oder Tritheismus verstanden werden. Dann hätte man drei Substanzen, also drei unterschiedliche Gottheiten!

Mit Tertullian und Origenes, diesen beiden Exponenten der Theologie des 3. Jh., war die begriffliche Basis für die Streitigkeiten, aber auch für die Lösungen gelegt, die dann das 4. Jh. mit den ersten großen Konzilien prägen sollten.

### Woran hat man sich orientiert?

Eine wichtige Rolle bei der gesamten Suchbewegung der frühen Kirche spielte die liturgische Praxis. Schon Paulus hatte ja einen Christushymnus zitiert, den die ersten christlichen Gemeinden zu seiner Zeit, um 50 nC, sangen. Tertullian hat dann gegen die Modalisten vor allem auf das dreiteilige Taufbekenntnis hingewiesen. Eine weitere theologische Norminstanz bildete die Glaubensregel (*regula fidei*), eine Art Kurzformel des Glaubens, ähnlich unseren heutigen Glaubensbekenntnissen, aber mit variabler Textgestalt. Irenäus, der Bischof von Lyon, beschreibt um 180 nC den Inhalt der Glaubensregel folgendermaßen:

> „Die Kirche erstreckt sich über das ganze Weltall bis an die äußersten Grenzen der Erde. Sie hat von den Aposteln und ihren Schülern den Glauben empfangen, den Glauben an den einen Gott, den allmächtigen Vater, den Schöpfer des Himmels und der Erde und der Meere und alles was in ihnen ist, und an den einen Christus Jesus, den Sohn Gottes, der, um uns zu erlösen, Fleisch angenommen hat, und an den Heiligen Geist, der durch die Propheten die Heilsordnung Gottes verkündet hat."

Das dritte Regulativ der theologischen Entscheidungsfindung neben Liturgie und Glaubensregel bot die Heilige Schrift. Die Modalisten beriefen sich auf Stellen wie Joh 10,30 („*Ich und der Vater sind eins*"). Dagegen stellte Tertullian Zitate aus den Evangelien, welche die Verschiedenheit von Vater und Sohn ausdrücken: Mt 27,46 („*Mein Gott, mein Gott, warum hast du mich verlassen*") und Lk 23,46 („*In deine Hände lege ich meinen Geist*"). Die göttliche Dreiheit sieht Tertullian vor allem da belegt, wo im Alten Testament mehrere Sprecher der göttlichen Worte begegnen, wie in Ps 110,1, wo Tertullian zufolge der Heilige Geist über Vater und Sohn sagt: „*So spricht der Herr zu meinem Herrn: / Setze dich mir zur Rechten / und ich lege dir deine Feinde als Schemel unter die Füße.*" ■

---

## WIE WURDE ÜBER DIE LEHREN ENTSCHIEDEN? UND WIE KOMMUNIZIERTE MAN?

Eine entscheidende Rolle spielten die Bischöfe. Erst im 2. Jh. hat sich der Monepiskopat, also die Leitung der Gemeinden durch einen Bischof, gegenüber kollegialen Leitungsformen mit Presbytern oder Episkopen durchgesetzt. So war es offenbar leichter, beim Auftreten unterschiedlicher Lehren zu einer Entscheidung zu gelangen und sie auch durchzusetzen. Bischof Viktor schloss Ende des 2. Jh. Theodotus den Gerber aus der Gemeinde Roms aus, weil dieser die Göttlichkeit Jesu leugnete. Drei Jahrzehnte später tat sein Nachfolger Kallist dasselbe mit Sabellius.

Was aber, wenn ein Bischof selbst solche Lehren vertrat? Dann konnten Synoden entscheiden, ihn auszuschließen. Mitte des 3. Jh. wurde Paulus von Samosata, der Bischof von Antiochia, durch eine Synode abgesetzt. Die Bischöfe aus Syrien und Palästina, die sich im Jahr 268 in Antiochia versammelt hatten, warfen ihm vor, dass er die Mehrheitslehre ablehnte, „*der Sohn Gottes sei vom Himmel herabgekommen*". Allerdings gab es vor dem 4. Jh. keine Instanz, die eine für die gesamte Kirche bindende Entscheidung treffen konnte. Kirchenweite Konsense wurden in der Regel durch die Korrespondenz der Bischöfe erreicht. *(A. Merkt)*

---

**Vor dem 4. Jh. gab es keine Instanz, die eine für die gesamte Kirche bindende Entscheidung treffen konnte**

---

**Prof. Dr. Andreas Merkt** ist Professor für Historische Theologie, Alte Kirchengeschichte und Patrologie an der Universität Regensburg, unter anderem ediert er mit Kollegen ein mehrbändiges „Handbuch zur Geschichte des Todes im frühen Christentum und seiner Umwelt".

**Christi Himmelfahrt** lässt Staunende und Fragende zurück. Hans Süß von Kulmbach, 16. Jh., Metropolitan Museum of Art, NY.

## Monarchianischer Streit: Monarchianer gegen Logostheologen

**Monarchianer:** Vom „Logos" zu reden, teilt die eine Gottheit ein. Die Monarchianer betonen Gottes Einheit (verstehen sich als oder führt eine zweite Gottheit ein. Die Monarchianer betonen Gottes Einheit (verstehen sich als strenge Monotheisten).

**Logostheologen:** Der Sohn muss vom Vater unterscheidbar sein; sie werfen den *Modalisten Patripassianismus* vor: Nach ihnen habe der leidenslose und unsterbliche Gott, der Vater, selbst am Kreuz gelitten und sei gestorben; sie kritisieren am *Adoptianismus* die fehlende Göttlichkeit des Sohnes: Ein purer Mensch könne doch kein Erlöser sein

### Monarchianische Modelle:

**Adoptianer, Ebioniten:** Jesus bleibt seinem Wesen nach Mensch; in ihm wirkt Gottes Kraft oder Gottes Geist seit der Taufe

**Modalisten, Sabellianer:** Der Sohn ist selbst der menschgewordene Vater, nach Joh 10,30: „*Ich und der Vater sind eins*", der Sohn ist eine Erscheinungsweise (*modus*) des allmächtigen Gottes, des Vaters

**Doketen:** Jesus war nur zum Schein ein Mensch, er war während seiner irdischen Existenz immer ganz Gott (vor allem in der Gnosis zu finden)

**Subordinatianer:** Das subordinatianische Modell geht von einer in sich gestuften Gottheit aus, sodass der Sohn zwar präexistent und göttlich ist, aber dem Vater untergeordnet; vor allem bei den Logostheologen zu finden.

Die **Dreiheit** von Vater, Sohn und Geist spielt in der Liturgie und bei der Taufe (gemäß Mt 28,19: „*tauft sie auf den Namen des Vaters und des Sohnes und des Hl. Geistes*") eine immer größere Rolle, obwohl theologisch noch nicht geklärt ist, wie diese Dreiheit sich zum EINEN Gott verhält

---

**100** ─────────────────────── **200**

→ Die Vorstellung eines Zusammenwirkens der Dreiheit Vater, Sohn und Geist für das Heil der Welt entwickelt sich
→ Die Debatte, wie sich der Ein-Gott-Glaube mit dem Konzept Vater-Sohn-Geist vereinbaren lässt, verstärkt sich

---

Entstehung der neutestamentlichen Schriften (etwa 50-120)

**Ignatius von Antiochien:** Christus muss als wirklicher Mensch gestorben sein, nur dann ist unsere Erlösung gewiss

**Justin (der Märtyrer):** benutzt den philosophischen – stoischen und platonischen – *logos*-Begriff für seine Christologie (160): Christus ist die göttliche Vernunft und der Schöpfungsmittler, er ist bereits in der Schöpfung und in ausgezeichneten Personen (etwa Sokrates) samenhaft präsent. In der ganzen Fülle ist der Logos jedoch erst im inkarnierten Christus offenbar

**Irenäus von Lyon:** betont Gottes Einheit gegen gnostischen Dualismus und die Menschwerdung Christi gegen gnostischen Doketismus (185)

**Tertullian:** Gott ist unterscheidbar, da in der Bibel steht, dass Gott seinen Sohn gezeugt habe und dass er Logos *bei* Gott war (Joh 1,1). Die *Monarchie* ist als eine Herrschaft der drei selbstständig existierenden Personen zu verstehen

**Origenes:** Gott ist in jeder der drei Hypostasen ganz anwesend, ist drei, aber die drei sind untrennbar. Er erklärt den Hervorgang des Logos aus dem Vater als einen ewigen Prozess, der kein zeitliches Ereignis ist („ewige Zeugung")

} **Logostheologen und Apologeten**

---

Angelehnt an: F. Dünzel, Kleine Geschichte des trinitarischen Dogmas in der Alten Kirche, Herder 2. Aufl. 2011, S. 150ff; Konstanze Kuhnt, „Die theologische Diskussion der frühen Kirche", in: WUB 3/2009 Konstantinopel, S. 36–37
Dank an PD Dr. Uta Heil, Univ. Erlangen-Nürnberg, für die beratende Unterstützung

# ÜBERSICHT: 400 JAHRE CHRISTOLOGISCHE KONTROVERSE

Volle Gottheit und Menschheit des Sohnes sind festgehalten: Wie können diese beiden Naturen verbunden oder vereinigt werden? Was geschah bei der Menschwerdung und der Geburt aus der Jungfrau Maria?

**Der arianische Streit** um die Trinität beginnt, dreht sich zunächst um die Frage nach der Art und Weise der Zeugung des Sohnes aus dem Vater und verlagert sich später auf die Frage nach der Beschreibung der Gottheit als eine oder drei Hypostasen

**Erstes ökumenisches Konzil in Nizäa (325)** einigt sich auf das nizänische Bekenntnis: Christus ist Sohn Gottes und kein Geschöpf, er ist gezeugt, und zwar aus dem Wesen des Vaters, und nicht geschaffen, daher ist er wesenseins (*homousios*) mit dem Vater. Arius wird verbannt und „arianische" Extensätze werden unter Anathema gestellt

**Synoden von Rimini/Seleucia und Konstantinopel 359/360**: Versuch, Streitigkeiten um eine oder drei Hypostasen auf der Basis des Minimalkonsenses der **Homöer** beizulegen: für sie ist der Sohn als dem Vater gleich (*homoios*) zu beschreiben, ohne philosophische Begriffe wie „Wesen" oder „Hypostase" zu verwenden. Wird als Reichsdogma beschlossen. Das homöische Bekenntnis wird von den Goten, Sueben, Vandalen und Burgundern angenommen und bewahrt

**Im Edikt *cunctos populos*** von Theososius I. (380) werden nur die als rechtgläubig erklärt, die in der Trinitätslehre wie Rom und Alexandrien denken (Nizänum), das homöische Bekenntnis außer Kraft gesetzt

**Zweites ökumenisches Konzil in Konstantinopel (381)**: Bestätigung des Nizänums und dessen Beschreibung des Sohnes als mit dem Vater wesenseins, ergänzt um die Umschreibung der vollen Göttlichkeit des Heiligen Geistes

**Antiochenische Schule**: die Naturen sind zu unterscheiden; vollkommene Verbindung oder Vermischung der Naturen, aber keine wesensmäßige Einung oder Vermischung der Naturen

**Zwei-Naturen-Streit** um das Verhältnis von Göttlichkeit und Menschlichkeit in Jesus Christus: **Alexandrinische Schule**: Die Naturen in Christus sind geeint, dies ist ein unaussprechliches Geheimnis. Nach der Einung sind die Naturen nicht mehr zu trennen, sonst sind es zwei Personen, zwei Subjekte

**Drittes ökumenisches Konzil in Ephesus (431)**: die von Kyrill geleitete Teilsynode exkommuniziert Nestorius (die andere Teilsynode unter Johannes von Antiochien verurteilt Kyrill)

**Unionsformel von 433**: Absetzung des Nestorius bestätigt, Maria ist Gottesgebärerin. Eine neue theologische Formel wird gefunden, Basis für Chalkedon 451: Christus ist vollkommen Gott, vollkommen Mensch, dem Vater wesenseins, uns Menschen wesenseins, eine unvermischte Einung zweier Naturen

**Räubersynode von Ephesus (449)**: geleitet von Dioskur von Alexandrien mit Rückhalt von Kaiser Theodosius II., will Monophysitismus durchsetzen

**Viertes ökumenisches Konzil in Chalkedon (451)**: größte kirchliche Versammlung der Spätantike mit 450 Teilnehmern. Prozess gegen Dioskur, der verurteilt wird, neue theologische Formel auf der Basis der Unionsformel von 433 und dem Nizänum (Christus ist ein und derselbe in zwei Naturen, nicht zwei Personen, die Eigentümlichkeiten der Naturen werden im Zusammenkommen zu einer Person oder Hypostase bewahrt – unvermischt, unverwandelt, ungetrennt, ungesondert)

---

**300** — **400** — **500**

---

**Arius tritt auf**, Gemeindevorsteher in Alexandria. Er lehrt, Jesus sei als Sohn Gottes vor aller Zeit aus dem Nichts geschaffen oder gezeugt worden, damit er den Kosmos erschaffe. Er könne nicht gleichen Wesens mit Gott sein – Gott sei doch nicht teilbar und der Sohn kein Stück des Vaters. Der Sohn habe zwar einen Anfang, sei aber das vollkommene Geschöpf Gottes. Eine ägyptische Synode setzt Arius ab, Synoden in Kleinasien und Palästina widersprechen dem Urteil; eine Synode in Antiochia bestätigt die Verurteilung

**Bischof Alexander von Alexandria** streitet mit Arius: Gott war schon immer Vater, der Sohn hat also keinen Anfang, sondern existiert schon immer. Er exkommuniziert Arius auf einer ägyptischen Synode (318) und warnt Amtskollegen in Briefen vor Kontakten mit Arius und seiner Lehre

**Kaiser Konstantin** wird Alleinherrscher (324): Toleranz gegenüber Christentums im ganzen Reich. Er versucht erfolglos, den Streit in Alexandrien beizulegen, beruft ein Konzil nach Nizäa ein, auf dem Arius verurteilt wird (325). Später wird Arius jedoch rehabilitiert

**Athanasius wird Bischof von Alexandrien (328)**, eine dominante Person im „arianischen" Streit bis zu seinem Tod 373. Gemeinsam mit **Markell von Ancyra** versucht er, die Vertreter der Lehre von drei Hypostasen als „Arianer" auszugrenzen; muss mehrmals ins Exil. Der Westen schließt sich im „arianischen Streit" Athanasius und Markell an

**Wachsender Widerstand gegen den homöischen Kurs**, wird zunehmend als unzureichend empfunden

**Die Pneumatomachen** (= „Geistbekämpfer", Makedonianer, Eustathius von Sebaste) sind nicht von den Gedanken zur vollen Gottheit des Heiligen Geistes überzeugt

**Die drei „großen Kappadokier"** Basilius von Cäsarea, Gregor von Nazianz und Gregor von Nyssa entwickeln ab etwa 370 die theologischen Grundlagen für das neunizänische Bekenntnis von Konstantinopel: In dem einen Wesen der Gottheit (*mia usía*) sind drei Hypostasen (*treis hypostaseis*)

**Kyrill, Bischof von Alexandria**, wirft Nestorius Häresie vor: Kyrill: Der Sohn wird zweimal geboren (ewig aus dem Vater und dem *Fleisch* nach aus Maria). Da die Gottheit selbst Mensch wird (auch wenn sie sich nicht in einen Menschen verwandelt), ist Maria *Gottesgebärerin*

**Nestorius** wird Bischof von Konstantinopel (428), kritisiert in Predigten die aus der Marienverehrung kommende Bezeichnung Marias als „Gottesgebärerin": Maria, ein Mensch, gebärt nicht einen Gott, sondern aus Maria wird *Christus* geboren (Christus als Gesamtbezeichnung für beide Naturen)

**Kaiser Theodosius II.** beruft das Konzil von Ephesus ein und dringt auf einen Kompromiss und Einigung, zwischen Antiochenern und Alexandrinern, allerdings nicht erfolgreich

**Pulcheria, Theodosius Schwester**, beruft nach dem Tod des Theodosius II. (450) ein Konzil nach Chalkedon ein

Die Christologie der Urkirche

# Der Jüngerkreis bekennt: Jesus ist der Herr

Gehen wir einen Schritt zurück, in das 1. Jahrhundert: Die Grundlage aller späteren Debatten bildet das Neue Testament. Darin sind die frühen Christologien und die Jesusverehrung der Urkirche festgehalten. Die neuere Forschung hat dabei geklärt, dass diese ganz aus jüdischen Voraussetzungen entstanden sind.

**Von Hans-Ulrich Weidemann**

**Die Auferstehung Christi** und die Frauen am Grab. Der weiß gekleidete Bote am Grab gibt eine erste Deutungshilfe: *„Er ist nicht hier, er ist auferstanden."* Aus dem Zyklus zum Leben Jesu von Fra Angelico, 1442, San Marco, Florenz.

Ist man „Christ", wenn man an Jesus Christus glaubt, auf seinen Namen getauft ist und ihn im Gebet und im Gottesdienst anruft? Heutzutage schon – in der Anfangszeit der Kirche ist die Lage allerdings komplizierter. Denn die ersten „Christen" waren gar keine, sondern Juden, und sie blieben es. Und daher praktizierten sie ihren Glauben im Rahmen des antiken Judentums und artikulierten ihn mit biblisch-jüdischen Begriffen, Titeln und Metaphern. Einige dieser Juden überschritten aber schon früh die Grenzen ihres Volkes, eine Entwicklung, die weitreichende Folgen für die Gestaltwerdung der späteren Kirche hatte.

Das Neue Testament ist Teil dieser Entwicklung. Die Autoren seiner Hauptschriften sind in ihrer Mehrzahl christusgläubige Juden oder, wie vermutlich der Autor des Lukasevangeliums und der Apostelgeschichte, Gottesfürchtige. Als sie die Schriften des späteren Neuen Testaments verfassten, hatte die christliche Gemeinschaft in den Jahrzehnten nach Jesu Tod bereits eine Reihe von Entwicklungen durchlaufen und Grundentscheidungen gefällt. Die wichtigsten, die man kennen muss, um die christologischen Vorstellungen im Neuen Testament zu begreifen, sind die folgenden vier:

**1.** Der erste wichtige Schritt ist, dass der Glaube an Jesus Christus vom galiläischen Jüngerkreis auf andere Gruppen des pluralen frühen Judentums übergreift: zunächst in Jerusalem, kurz darauf auch in Damaskus, Cäsarea, Rom und weiteren Städten. Aus den Notizen des Lukas in der Apostelgeschichte ist noch erkennbar, dass sich nach der Auferstehung Jesu zunächst der galiläische „Familienclan Jesu" um den Herrenbruder Jakobus und die Mutter Jesu dem Zwölferkreis und seinem Anhang aus Jüngerinnen und Jüngern Jesu anschließt und sich alle in Jerusalem niederlassen. Zu diesen Galiläern stoßen bald Jerusalemer Juden in großer Zahl hinzu, darunter auch christusgläubige Pharisäer und Angehörige priesterlicher Familien. Entscheidend aber ist, dass zu dieser sogenannten „Urgemeinde" von Anfang an auch hellenistische Juden gehören, die aus der griechisch-römischen Diaspora stammen und nun in Jerusalem leben, darunter der Stephanuskreis als deren wichtigste Gruppe. Neben den zentralen Figuren des galiläischen Judenchristentums wie Petrus und Jakobus dürften gerade diese hellenistischen Gruppen für die weitere Entwicklung entscheidend gewesen sein. Die Urgemeinde ist also Teil des pluralen Judentums vor der Tempelzerstörung und bildet dieses auch „intern" ab.

**2.** Ein in seiner Bedeutung nicht zu überschätzender Schritt ist sodann die Durchsetzung der beschneidungsfreien Heidenmission, die wohl maßgeblich auf hellenistische Judenchristen aus dem Stephanuskreis zurückgeht. Der Verzicht auf die Beschneidung und damit der Verzicht auf die Integration von Nichtjuden, die zum Glauben an Jesus kommen, in das Volk Israel führte zur Entstehung von „gemischten", also aus christusglaubenden Juden und getauften Nichtjuden zusammengesetzten Gemeinden wie der in Antiochia (aber dann auch Rom usw.) und bald auch zur Gründung heidenchristlich dominierter Missionsgemeinden. Diese Entwicklung wird auf dem sogenannten Apostelkonvent 48/49 nC in Jerusalem von den maßgeblichen Judenchristen der Urgemeinde, wie Petrus und Jakobus, akzeptiert.

**3.** Schon Paulus reflektiert aber in seinem Mitte der 50er-Jahre verfassten Brief an die Christen in Rom das Scheitern des Evangeliums in Israel (vgl. Röm 9-11) und damit das Scheitern des „Apostolats der Beschneidung" – bei zunehmendem Erfolg des „Apostolats der Unbeschnittenheit" (vgl. Gal 2,8). Die zukünftige heidenchristliche Dominanz der Kirche zeichnet sich hier bereits ab.

**4.** Anders als die Briefe des Paulus dürften die meisten der im Neuen Testament versammelten Schriften den Ende der 60er-Jahre ausbrechenden Jüdischen Krieg und die Zerstörung des Jerusalemer Tempels (70 nC) voraussetzen und verarbeiten. Dieses Ereignis führte einerseits zum raschen Bedeutungsverlust des Judenchristentums innerhalb der entstehenden heidenchristlichen Großkirche, andererseits zur beginnenden

## Die entscheidende Entwicklung in der Christologie liegt den neutestamentlichen Schriften *voraus*

Reorganisation des Judentums unter dem Einfluss der pharisäischen (später rabbinischen) Lehrhäuser. Damit wird aber gerade jener Teil des Judentums von einer Mitgestaltung des rabbinischen Judentums abgeschnitten, der prägend für die Urkirche wurde, nämlich das hellenistische Diasporajudentum. Das gilt gerade auch für jene jüdisch-hellenistischen Weisheitsschriften, die heute in unserem Alten Testament stehen: Sie lieferten wichtige Instrumente zur Formulierung der Christologie (s. u.) – und wurden von der christlichen Kirche, nicht aber vom rabbinischen Judentum als heilige Schriften kanonisiert.

### Wie verehrten christusgläubige Juden Jesus im Gottesdienst?

Bei der Rekonstruktion der inhaltlichen Konturen des frühkirchlichen Christuszeugnisses setzt die Forschung mittlerweile nicht mehr bei den Bekenntnisformeln oder den Christustiteln (Menschensohn, Gottessohn, Messias, Herr, Prophet, Retter, Logos usw.) an, die auf Jesus übertragen wurden und deren isolierte Begriffsgeschichte wenig aussagt. Stattdessen tritt zunehmend die *Praxis der Verehrung Jesu* in den Fokus,

**Gottesfürchtige**
Heiden, die sich zum Judentum hingezogen fühlten, an den Gott Israels glaubten, am Leben in der Synagoge teilnahmen, sich aber nicht beschneiden lassen wollten.

**Christologie**
„Lehre/Rede von Christus"

**Hinweis**
Ein Interview mit L. W. Hurtado finden Sie auf *weltundumweltderbibel.de* – Detailinformationen zur Ausgabe *Streit um Jesus: Gott und Mensch?*

unter den englischen Begriffen „worship of Jesus" und „Jesus devotion" (so Larry W. Hurtado u. a.). Sie wird der Untersuchung einzelner Christustitel oder Bekenntnisformeln vor- und übergeordnet. Hier treten nun Praktiken wie

• die Akklamation des Namens Jesu im Gottesdienst, aber auch

• Heilungen und Exorzismen unter Anrufung seines Namens sowie

• die Transformation der Johannestaufe in eine Taufe auf den Namen Jesu (d. h. ebenfalls unter Anrufung seines Namens) in den Blick.

Bemerkenswert im Falle der frühen „Jesus devotion" ist aber insbesondere die Einbeziehung Jesu in die gottesdienstliche Verehrung des Gottes Israels – durch Juden! So findet man schon im Neuen Testament Gebetsanrufungen Jesu: Stephanus ruft sterbend: „Herr Jesus, nimm meinen Geist auf" (Apg 7,59f), und Paulus hat „dreimal den Herrn angerufen", dass der Engel Satans von ihm ablassen möge (2 Kor 12,8f). Vor allem aber

> Bei der Rekonstruktion des frühkirchlichen Christuszeugnisses setzt die Forschung mittlerweile nicht mehr nur bei den Bekenntnisformeln oder den Christustiteln an

akklamierte man Jesus im Gottesdienst als den Kyrios („Herr") und flehte mit dem aramäischen Ruf *maranatha* um sein Wiederkommen. Diese Formel ist uns in 1 Kor 16,22 und in Didache 10,6 – einer frühchristlichen Gemeindeordnung aus dem 1. Jh. – auf Aramäisch und in Apk 22,20 auf Griechisch überliefert („Komm, Herr Jesus!"), sie klingt wohl auch in 1 Kor 11,26 („bis dass er kommt!") an. Das *maranatha* geht wahrscheinlich auf einen Kultruf aus der Jerusalemer Urgemeinde zurück, der an den erhöhten Jesus gerichtet wurde. Dass Jesus zum Adressaten von Kultrufen und Gebeten geworden ist, ist deswegen bemerkenswert, weil sich diese Entwicklung zunächst in rein jüdischem Kontext vollzog, noch dazu unter Juden, die Jesus zum Teil persönlich kannten, wie die Mitglieder des Zwölferkreises und die Herrenfamilie!

Bei diesen Christus-Akklamationen geht es nicht in erster Linie darum, „elementare Gewissheiten" zum Ausdruck zu bringen (so M. Hengel), vielmehr geht es um einen sakralrechtlichen Akt: Juden unterstellen sich der Herrschaft Jesu und rufen sein Kommen zum Gericht herbei. Dies geschah innerhalb der gottesdienstlichen Verehrung des einen Gottes Israels, ja wurde als dessen notwendige Ergänzung angesehen – „zur Ehre Gottes des Vaters" (Phil 2,11)! Für eine solche Einbeziehung eines anderen Wesens neben Gott in die gemeinschaftlichen und gottesdienstlichen (!) Vollzüge einer innerjüdischen Gruppierung fehlt uns bisher jede echte Parallele.

### Mit der Auferstehung wird Jesus „zur Rechten Gottes" erhöht

Diese judenchristliche Praxis geht auf die sogenannte Ostererfahrung der Osterzeugen zurück und setzt eine ganz bestimmte, offenbar unbestrittene Deutung dieser Erfahrung voraus. Um es mit Röm 1,3f auszudrücken: Mit seiner Auferstehung von den Toten wurde Jesus, der „dem Fleisch nach" aus der Nachkommenschaft Davids stammt, *als Gottessohn in Macht eingesetzt*. Jesu Auferweckung bedeutet also weniger den Sieg über den Tod als vielmehr seine Erhöhung in eine kosmische, allumfassende Machtposition. Diese Erhöhung wurde mit Ps 110,1 als „Sitzen zur Rechten Gottes", also als Throngemeinschaft mit Gott selbst, ausgesagt. Dieser im Neuen Testament häufig zitierte Psalm bot sich den christusgläubigen Juden aus verschiedenen Gründen an, um ihre Ostererfahrung in Sprache zu fassen. Einmal gab er eine Antwort auf die Frage, wo sich denn der von Gott Auferweckte nun befindet und warum seine Auferweckung nicht unmittelbar die allgemeine Totenerweckung und das Jüngste Gericht eingeleitet hatte. Vor allem aber begründete man mit dem Psalm die innerjüdisch ja nicht unanstößige Einbeziehung Jesu in die Verehrung des einen Gottes: Wenn Gott selbst („der HERR") Jesus Christus („meinen Herrn") zu seiner Rechten erhoben hatte, dann war Jesu gottesdienstliche Verehrung als „Herr" legitim und konsequent.

Ein weiterer wichtiger Text ist Joel 3,5. Hier wird jedem, der den Namen des Herrn anruft, Rettung verheißen. Die christusgläubigen Juden identifizierten *Jesus Christus* als diesen Kyrios und legitimierten so die gottesdienstliche Akklamation, aber auch den Gebrauch des Namens Jesu bei der Umkehrtaufe, bei Heilungen oder bei Exorzismen. Dies ist nur eines von vielen Beispielen, wie alttestamentliche Texte statt auf Gott nun auf Jesus bezogen wurden.

### Auch die Weisheit sitzt auf Gottes Thron

Derselbe Vorgang lässt sich auch im Falle der Aussagen über die personifizierte Weisheit (gr. *sophia*) beobachten, die sich in jüdischen Weisheitsschriften finden. Immerhin wird in den Büchern Weisheit, Sprüche und Jesus Sirach auch die Weisheit als Throngenossin (!) Gottes und als Kind auf seinem Schoß gezeichnet, sie ist präexistent und war bei der Erschaffung der Welt dabei, sie wohnte bei Gott in der Höhe, ist „einziggeboren" und Abglanz ewigen Lichts, und Gott wird gebeten, sie vom Thron seiner Herrlichkeit zu senden. In Weish 9,1f wird sie mit dem „Wort Gottes" (*Logos*) parallelisiert, was sich nicht nur im Werk des jüdischen Religionsphilosophen Philo von Alexandrien, sondern auch im Johannesprolog Joh 1,1-18 („Im Anfang war der Logos ...") niederschlägt. Überhaupt werden weisheitliche Attribute wie Präexistenz und die Mitwirkung bei der Schöpfung gerade in einer Reihe von poetischen

# Die Begriffe der Kontroverse ▪ Teil 2: Christologie im Neuen Testament

## KYRIOS

griech. „Herr". Im Neuen Testament der häufigste Christustitel. Die ersten christusgläubigen Juden rufen Jesus im Gottesdienst als „Herr" (aramäisch: *mar*) an, im griechischsprachigen Teil der Urkirche dann als *Kyrios*. In den Handschriften der griechischen Übersetzung der hebräischen Bibel (Septuaginta) wurde der Gottesname JHWH zwar meist mit dem hebräischen Tetragramm geschrieben, beim Vorlesen aber sagte man dafür „Kyrios". Schon früh hat man alttestamentliche Texte wie z.B. Joel 3,5 auf den „Herrn Jesus" bezogen. Damit wurde seine Einsetzung in göttliche Funktionen und die ihm von Gott verliehene Hoheit ausgesagt und seine Anrufung im Gottesdienst legitimiert.

## CHRISTOS

griech., „der Gesalbte", Übersetzung für den hebräischen Begriff *maschiach* („Messias"). Gesalbt wurden die israelitischen Könige und herausragende Propheten wie Priester. Ein gesalbter König aus dem Stamm Davids steht für eine messianische Hoffnung. Vermutlich hat schon Jesu irdisches Wirken in Israel messianische Erwartungen geweckt, hinzu kam seine Verurteilung als vermeintlicher Messias-Anwärter („König der Juden"). Aufgrund der Auferstehung Jesu wurden die innerjüdisch vielfältigen Messiasvorstellungen im Neuen Testament teilweise auf Jesus übertragen, teilweise aber auch transformiert, wie etwa durch das (für Juden neue) Bekenntnis „Der Christus *starb* für unsere Sünden".

## HOCHCHRISTOLOGIE

oder „hohe Christologie" nennt man jene Formen der Rede über Jesus Christus, die ihm exklusiv hoheitliche oder göttliche Prädikate beilegen. Damit verorten sie seinen Ursprung und seine Person ganz auf der Seite Gottes. Inhaltlich schließt das seine Präexistenz, seine Mitwirkung bei der Erschaffung der Welt oder seine Funktion als endzeitlicher Richter ein. Nur eine hohe Christologie kann die Anbetung Jesu durch die Gläubigen rechtfertigen. Alle neutestamentlichen Christologien sind „hohe" Christologien.

Das Gegenmodell wäre eine „Christologie", die Jesu Person und Werk primär oder ausschließlich mit menschlichen Kategorien wie Prophet, Rabbi, Wunderheiler, Wander-Charismatiker formuliert, ihn als Mittelwesen (etwa eine Art Engel) oder als durch die Auferstehung quasi vergöttlichten Menschen auffasst.

### Römerzeitliches Rollsteingrab

am Fuß des Karmelgebirges in der oberen Jesreelebene (Untergaliläa). Das „leere Grab" und die Begegnungen mit dem Auferstandenen sind der Anstoß für nun bereits mehr als zweitausend Jahre Christologie.

## LOGOS

griech., „Wort", bedeutet aber auch Sinn, Lehre, Vernunft, Rede oder steht für ein göttliches Weltprinzip und das göttliche Schöpferwort. Im Judentum um die Zeitenwende erscheint der *Logos* analog zur Weisheit (*sophia*) als Personifikation göttlicher Attribute und als Mittlerwesen zwischen dem radikal transzendenten Gott und seiner Schöpfung. Auch im Johannesevangelium ist der *Logos* an der Erschaffung der Welt beteiligt, aber mehr noch, er ist von Ewigkeit her „bei Gott" und ist selbst göttlichen Wesens. Dieser göttliche Logos wird in Jesus Christus *Fleisch* und damit beginnt dessen irdische Geschichte.

## ERHÖHUNG

meint metaphorisch die Vorstellung, dass Jesus nach seinem schmachvollen Kreuzestod von Gott nicht nur ins Recht gesetzt und zum Leben auferweckt, sondern in eine alles entscheidende Machtposition eingesetzt wurde. Dieses Verständnis der Auferstehung Jesu als seine Erhöhung zum Kyrios war der Anstoß für die extrem schnelle Ausbildung der „hohen Christologien" und für die „Jesus devotion" der Urgemeinde

Passagen des Neuen Testaments auf Jesus Christus übertragen, der, im Unterschied zur Weisheit, im Gottesdienst angerufen wird. Diese sogenannten Christushymnen oder Christuspsalmen könnten aus den

> Entscheidende Impulse gingen von griechischsprachigen Diasporajuden aus, vor allem vom Stephanuskreis, von Barnabas und insbesondere von Paulus

Gottesdiensten der frühen Gemeinden stammen (diskutiert wird dies für Joh 1,1-18; Phil 2,6-11; Kol 1,15-20; 1 Tim 3,16; Hebr 1,3f und 1 Petr 2,22-25), sie entstammen also wohl ebenfalls der liturgischen „Jesus devotion".

### Anknüpfungspunkte beim irdischen Jesus

Die Christologie des Neuen Testaments erweist sich also bei näherem Hinsehen als Ergebnis jüdischer, insbesondere hellenistisch-jüdischer Produktivität. Die alte palästinische Jesusüberlieferung (z. B. der Logienquelle) und jene Überlieferungen, die auf den Zwölferkreis wie auf die Jesusfamilie zurückgehen, sind in den späteren griechischen Texten des Neuen Testaments übersetzt und transformiert aufbewahrt. Ein heidenchristlicher Einfluss auf die früheste Entwicklung ist nicht feststellbar. Entscheidende Impulse gingen stattdessen von den nach Ostern zur Urkirche hinzukommenden griechischsprachigen Diasporajuden aus, vor allem vom Stephanuskreis, von Barnabas, insbesondere aber von Paulus. Allerdings darf auch das jahrzehntelange missionarische und katechetische Wirken von Petrus und von Mitgliedern der Jesusfamilie nicht vergessen werden (vgl. 1 Kor 9,5), die in diesen Fragen offenbar keine Differenzen hatten.

Gerade das zeigt aber auch, dass die erste Generation keinen Widerspruch sah zwischen der „Jesus devotion" samt ihrer hohen Christologie und der ja noch „erinnerten" Person des irdischen Jesus. Dessen Wirken wurde nun ins Licht der Ostererfahrung gestellt: Hatte er doch Gott vertraut-liebevoll mit „Abba" angeredet (diese aramäische Form hat sich dreimal im Neuen Testament erhalten: Mk 14,36; Röm 8,15; Gal 4,6), worin sich für die ersten Jünger seine exklusive Sohnschaft zeigte. Hinzu kommt, dass sich Jesus offenbar mit dem „Menschensohn" identifiziert und messianische Hoffnungen geweckt hat. Zu nennen ist aber auch sein Vollmachtsanspruch, der sich in den Nachfolgeworten, in der Sündenvergebung in Wort und Tat und in der Proklamation des Anbruchs der Königsherrschaft Gottes in seinem Wirken, vor allem in den „Wundern" – Exorzismen und Heilungen – manifestiert. Jesus erhebt faktisch den Anspruch, authentisch und verbindlich zu lehren, wer Gott ist und wie er handelt, gipfelnd in der Aussage, dass sich an der Haltung zu ihm, Jesus, das Ergehen im Endgericht entscheiden wird. Das zeigen nicht zuletzt seine Mahlzeiten mit Zöllnern und Sündern, die er als Vorwegnahme des Mahles der Gottesherrschaft ansah.

### Paulus:
### Gott war in Christus und versöhnte die Welt mit sich

Paulus schließt sich nach seiner Berufung der von ihm einst verfolgten judenchristlichen Gruppe an – er übernimmt die Hochchristologie, die diese nach Ostern ausgebildet hatte, und partizipiert an der bereits entwickelten „Jesus devotion". Schon der von ihm zitierte Philipperhymnus zeigt, dass die Erhöhungsaussage unmittelbar mit der Präexistenzaussage „ausbalanciert" wurde: Jesus war immer bei Gott und wurde nach seinem Menschsein und dem Kreuzestod wieder zu ihm „erhöht". Paulus sagt vom *Kyrios* Jesus, dass er präexistent sowie Schöpfungsmittler ist. Diesen Hintergrund setzen die vielfachen Sendungsformeln voraus, die Paulus verwendet: Gott sandte seinen (präexistenten) Sohn in die Welt. Paulus überträgt Gottesprädikate wie „der Herr der Herrlichkeit" auf Jesus, der „das Ebenbild Gottes" ist und „die göttliche Herrlichkeit auf seinem Antlitz" trägt (2 Kor 4,4-6). Paulus dokumentiert auch die oben skizzierten Praktiken von „Jesus devotion" wie die gemeinschaftliche Anrufung Jesu als *Kyrios* (1 Kor 12,3; Röm 10,9 und Phil 2,11), die Anrufung Jesu bei der Taufe (alle sind „auf Christus getauft", Gal 3,27) oder – individuell – im Gebet (2 Kor 12,8f). Auf die Wurzeln dieser Christologie deutet noch hin, dass der Kyrios-Titel der von Paulus meistgebrauchte Christustitel ist, schließlich wird gerade dieser Titel in Akklamationen verwendet. Die Hochchristologie des Paulus steht aber ganz im Dienste seiner Erlösungslehre: Weil

**Der Berg Tabor:** Auf der markanten Erhebung in der Jesreelebene wird die Verklärung Jesu lokalisiert, wie bereits frühe Pilger berichten. Diese Erzählung holt die Gottessohnschaft Jesu bereits in sein irdisches Leben hinein.

eben „Gott in Christus war", deswegen hat er am Kreuz die Welt mit sich versöhnt (2 Kor 5,21). Wesentlich für Paulus ist dabei der Gedanke der Teilhabe an und das Sein in Christus. Der Gottessohn macht uns zu Söhnen und Töchtern Gottes und verwandelt bei seiner Wiederkunft unseren „Leib der Niedrigkeit" in den „Leib seiner Herrlichkeit" (Phil 3,20f).

Der so artikulierte Glaube an Jesus und seine sich in Gebet wie Akklamation äußernde „Jesus devotion" hindern den Apostel nun aber keineswegs daran, sich nach wie vor als „Hebräer", „Israelit" und „Nachkomme Abrahams" zu bezeichnen und sogar seinen jüdischen Herkunftsstamm Benjamin herauszustellen. Judesein und Christusglaube schließen sich hier gerade (noch) nicht aus, wir haben ein Stadium vor uns, in dem die hohe Christologie zwar innerjüdisch konfliktträchtig sein konnte, keineswegs aber schon zum Bruch führte.

Hinzu kommt, dass Paulus in Fragen der Christologie keinen Dissens zwischen sich und z. B. Petrus oder Jakobus erkennen lässt – bei allen anderen Differenzen. Wenn er in 2 Kor 11,4 seinen korinthischen Gegnern vorwirft, sie hätten „einen anderen Jesus verkündigt", dann zeigt der Kontext des Briefes, dass es hier offenbar um die Stellung des Kreuzestodes, nicht um die Bestreitung der einzigartigen Hoheit und Würde Jesu geht. Paulus zieht also teilweise andere *Konsequenzen* aus der hohen Christologie als seine judenchristlichen Kontrahenten, mit denen er aber in der Grundüberzeugung von Jesu einzigartiger Nähe zu Gott sowie in der Praxis der „Jesus devotion" einig ist.

### Die Offenbarung:
### Die Throngemeinschaft des Lammes mit Gott

In der Johannesoffenbarung ist die alte Erhöhungschristologie zum eindrücklichen Bild der Throngemeinschaft des Lammes mit Gott ausgestaltet. In den Thronsaalvisionen von Kap. 5 erscheint das geschlachtete Lamm erst vor Gottes Thron, nimmt dann seinen Platz „inmitten des Thrones" ein und empfängt die Anbetung im „neuen Lied": „Dem, der auf dem Thron sitzt, *und dem Lamm*: Lobpreis und Ehre und Herrlichkeit und Macht von Ewigkeit zu Ewigkeit" (5,13). Anders als die Anbetung von Engeln ist die Anbetung des Lammes deswegen gerade kein Götzendienst (vgl. 5,8-12 mit 19,10; 22,8f).

### Die Evangelien:
### Jesu irdisches Leben vor seiner Erhöhung

Auch die sogenannten synoptischen Evangelien (Markus, Matthäus und Lukas) setzen die in den Bahnen von Ps 110 formulierte frühchristliche Erhöhungschristologie und die entsprechende akklamatorische Gemeindepraxis voraus. Diese bildet den archimedischen Punkt, von dem aus nun das Leben des *irdischen* Jesus geschildert wird. Deswegen weisen die Evangelien

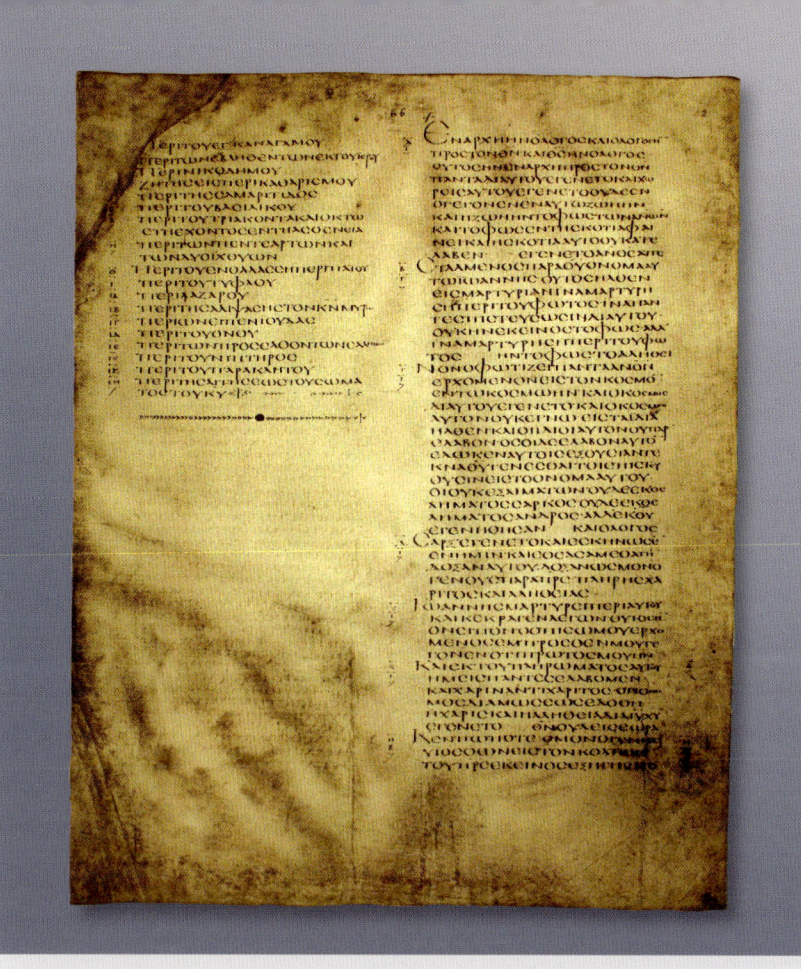

**Klare Aussage:** Anfang des Johannesevangeliums im Codex Alexandrinus, einer griechischen Handschrift des Neuen Testaments aus dem 5. Jh. Demonstrativ erklärt dieser Prolog, dass Jesus der fleischgewordene Logos ist, Gottes schöpferisches und allmächtiges Wort:
*„Im Anfang war das Wort, und das Wort war bei Gott, und das Wort war Gott. ... Alles ist durch das Wort geworden und ohne das Wort wurde nichts, was geworden ist. [...] Er war in der Welt und die Welt ist durch ihn geworden [...] Und das Wort ist Fleisch geworden und hat unter uns gewohnt ..."*

zwar Parallelen zu den antiken Biografien und Geschichtswerken auf, allerdings wollen die Autoren gerade nicht von einer Gestalt der Vergangenheit erzählen, sondern die irdische Geschichte eines Menschen, der als auferstandener, erhöhter und zum Gericht wiederkommender Gottessohn geglaubt und verehrt wird.

### Die Synoptiker Markus, Matthäus und Lukas:
### Der Gottessohn hat göttliche Vollmacht auf Erden

Im Markusevangelium bekennt sich Jesus gegenüber dem jüdischen Hohepriester zu einer Art „Kurzkatechismus" der Christologie, in dem die drei wichtigsten Christustitel (Messias, Sohn, Menschensohn) sowie Anspielungen auf die beiden zentralen alttestamentlichen Bezugstexte zusammenfließen:

„Ich bin es [nämlich der *Messias*, der *Sohn* des Hochgelobten], und ihr werdet sehen den *Menschensohn* sitzen zur Rechten Gottes (= Ps 110,1) und kommen mit den Wolken des Himmels (= Dan 7,13)."

Die Antwort des jüdischen Hohepriesters ist eindeutig: Blasphemie (Mk 14,61f). Unabhängig von der Frage nach ihrer Historizität wurde diese Szene beim Verhör im Palast des Hohepriesters zur Zeit der Abfassung des ältesten Evangeliums (um 70 nC) auf der Folie der Auseinandersetzung zwischen Synagoge und Kirche gelesen: Auf die Verehrung Jesu als den zur Rechten Gottes sitzenden Gottessohn und mit den Wolken des Himmels wiederkommenden Menschensohn kann die Synagoge nur mit dem Blasphemievorwurf antworten.

Erst in dieser Szene vor dem Hohepriester lässt der Evangelist erzählerisch den Schleier des Messiasgeheimnisses fallen, das seine gesamte Jesus-Darstellung prägt. Während die menschliche Erkenntnis des Personengeheimnisses Jesu vor Ostern im Bereich des Zweideutigen verbleibt, erfolgt die Proklamation Jesu als Gottessohn *für die Leser* jedoch zweimal durch Gott selbst, nämlich nach seiner Taufe durch Johannes und bei der Verklärung (1,11 und 9,7). Markus stellt Jesus als den in göttlicher Vollmacht auftretenden Menschensohn dar und überträgt alttestamentliche Gottesaussagen in narrativer Form auf ihn, vor allem bei der Sturmstillung und dem Seewandel (die sich z. B. auf Ijob 9,8; Ps 65,8; 89,10 beziehen). Jesus, der Menschensohn, hat aber insbesondere die Macht, Sünden zu vergeben, was „nur Gott allein" vermag (vgl. Mk 2,7). Wie Gott allein „*alle deine Sünden vergibt und alle deine Krankheiten heilt*" (Ps 103,3, vgl. Jes 33,4), so heilt und vergibt der Menschensohn und erweckt sogar Tote. Gerade die Wundergeschichten zeigen, wie sich Menschen im Glauben an Jesus wenden sollen.

Von sich selbst als „Sohn" redet Jesus z. B. im Gleichnis von den bösen Winzern (12,6) und bejaht die entscheidende Frage des Hohepriesters, wie oben erwähnt. Seit seiner Taufe ist er Träger des Heiligen Geistes und zukünftiger „Geisttäufer", bei der Verklärung strahlt seine göttliche Herrlichkeit auf. Ob Markus bereits Ansätze zu einer Präexistenzchristologie erkennen lässt, ist umstritten, einen Hinweis liefert das kombinierte und veränderte Schriftzitat in Mk 1,2f, wonach Gott seinen Sohn vor dessen irdischer Wirksamkeit direkt anredet (was der Prophet Jesaja bezeugt).

Die großen Synoptiker Matthäus und Lukas übernehmen diese Konzeption, ergänzen sie aber insbesondere durch die Kindheits- und die Ostergeschichten. Jesu irdische Existenz ist von Beginn an geistgewirkt. In der matthäischen Osterszene erscheint Jesus seinen Jüngern als der, dem mit der Auferstehung göttliche Allmacht „gegeben ist". Lukas wiederum setzt das alte Bekenntnis zur Erhöhung Jesu zur Rechten Gottes in eine eigene Erzählung um, nämlich die der Himmelfahrt Jesu 40 Tage nach der Auferstehung (Lk 24,51; Apg 1,9-11).

### Johannesevangelium: Jesus ist Gott, weil er immer schon bei Gott war

Die genannten Strukturelemente sind auch im Johannesevangelium, dem wohl jüngsten der vier Evangelien, zu erkennen. Allerdings ist das Bild der „Throngemeinschaft" hier weiterentwickelt, hin zum Gedanken der „Einheit des Sohnes mit dem Vater", den Jesus selbst in der Mitte des Buches gegenüber den ihn umringenden „Juden" proklamiert („*Ich und der Vater sind eins*", 10,30).

Die Einbeziehung Jesu in die Anbetung des Vaters ist im Johannesevangelium zu einer sprachlich parallelen Formulierung verdichtet: „*Wer den Sohn nicht (ver)ehrt, (ver)ehrt nicht den Vater, der ihn gesandt hat*" (5,23). Die Forderung, dass „*alle den Sohn ehren, so wie (!) sie den Vater ehren*", zeigt, dass auch die johanneische Entwicklungslinie eine gottesdienstliche Wurzel hat. Das abschließende Bekenntnis des Thomas zu Jesus als „*mein Herr und mein Gott*" (20,28) erfolgt denn auch nicht zufällig während der sonntäglichen Jüngerversammlung. Im Unterschied zu den Synoptikern wird Jesus am Anfang und am Ende des Buches explizit als „Gott" bezeichnet, und zwar im Mund der lobpreisenden Gemeinde (1,1.18) und im Mund eines Osterzeugen (nämlich Thomas, 20,28 s. o.). In diesem Sinne sagt dann auch der erste Johannesbrief von Jesus: „*Dieser ist der wahre Gott und (als solcher) das ewige Leben*" (1 Joh 5,20).

Der Hauptunterschied zu anderen Entwürfen liegt aber in der konsequenten Umgewichtung der christologischen Statik: In den johanneischen Schriften ist die Christologie ganz von der Präexistenz Christi her konzipiert. Für den vierten Evangelisten entscheidet der Ursprung nämlich über das Wesen: Der Menschensohn ist deswegen „Herr und Gott", weil er „*aus dem Himmel herabgestiegen*" ist (3,13), sei-

**Christus auf dem Thron Gottes:** eine Visualisierung der „Hochchristologie". Dazu die Symbole der vier Evangelisten (Mensch, Adler, Löwe, Stier), unten das Lamm (aus der Johannesoffenbarung), Symbol für den endzeitlich herrschenden Christus, und oben die Taube als Symbol des Heiligen Geistes. Ende 10. Jh., Paris, Louvre.

ne Auferstehung bedeutet in erster Linie die Rückkehr dorthin, „*wo er vorher war*" (6,62). Die Geschichte Jesu beginnt damit, dass „*das Wort Fleisch geworden*" ist (1,14). Nur weil Jesus „*von oben*" oder „*aus dem Himmel kommt*" (3,31), kann er demjenigen ewiges Leben geben, der an ihn glaubt. Man kann sagen, dass der vierte Evangelist die österliche Erhöhung Jesu zurückspiegelt in seine Präexistenz. Die Konsequenz dieses Denkens formuliert der Johannesprolog: „*Im Anfang war der Logos, und der Logos war bei Gott, und Gott war der Logos.*"

Natürlich ist auch die johanneische Christologie an den jüdischen Monotheismus zurückgebunden: „*Der Vater ist größer als ich*" (14,28), sagt der johanneische Jesus. Ohne den Vater kann der Sohn nichts tun, denn der Vater hat ihn gesandt (4,34; 5,19, 5,23 u. ö.) und der Vater hat ihm alles gegeben (3,35; 5,20) – aber der Vater hat dem Sohn eben *alles* gegeben! Dabei bestehen auch diese christologischen Aussagen ganz aus jüdischen Bausteinen, wie insbesondere die Parallelen zu Philo oder den oben genannten Weisheitsschriften (v. a. Spr 8; Sir 24 und Weish 9) belegen, doch wird man nicht bestreiten können, dass der jüdische Monotheismus hier christologisch mutiert ist.

Damit hängt zusammen, dass im Johannesevangelium nun eindeutig der Bruch mit der Synagoge verarbeitet ist (Joh 9,22: „*denn die Juden hatten schon beschlossen, jeden, der ihn als den Messias bekenne, aus der Synagoge auszustoßen*"; 12,42; 16,1-4). Die scharfe Auseinandersetzung zwischen den johanneischen Judenchristen und ihren (ehemaligen?) Synagogen darüber, ob Jesus der göttliche Logos ist oder nicht, hallt im

> Zwischen Mitte und Ende des 1. Jh. haben sich weniger die Christologie, als vielmehr die Kirche wie auch das Judentum verändert

Blasphemievorwurf „der Juden" im Buch noch nach. Hier ist der Vorwurf verarbeitet, die johanneische Christologie verletze den Monotheismus, der Evangelist kontert mit seiner Präexistenzchristologie, die ganz aus jüdischen Voraussetzungen konstruiert ist, den Monotheismus aber dennoch transformiert. Es ist aber zu beachten, dass sich zwischen Paulus und dem Johannesevangelium, also zwischen Mitte und Ende des 1. Jh. nC, weniger die Christologie, als vielmehr die Kirche wie auch das Judentum verändert haben. Während auf christlicher Seite die Heidenmission in vollem Gange ist und das Judenchristentum verschwindet, sieht sich der Verfasser des Johannesevangeliums mit einem Judentum konfrontiert, in dem zunehmend die Pharisäer dominieren und das auf die hohe Christologie der johanneischen Judenchristen mit massivem Druck reagiert. Zwar wird sich der Trennungsprozess zwischen

**Der Logos bei der Schöpfung,** Ausschnitt aus dem sogenannten „dogmatischen Sarkophag", einem der frühen christlichen Bildwerke, entstanden um 330-340. Der Ausschnitt zeigt die Erschaffung von Adam und Eva: Gottvater sitzt auf seinem Thron und segnet die beiden nackten Menschen mit erhobener Hand. Die Hand Christi, der noch bartlos dargestellt ist, ruht auf Evas Haupt: Der Sohn ist der Logos, das schöpferische Wort Gottes und Schöpfungsprinzip. Antikenmuseum Arles.

Kirche und Synagoge letztlich noch Jahrhunderte hinziehen, aber im Falle der johanneischen Judenchristen ist doch damit zu rechnen, dass die örtlichen Synagogengemeinden die religiöse und soziale Gemeinschaft mit ihnen aufkündigten. Hier nun führte eine „Jesus devotion" zum Bruch innerhalb eines veränderten Judentums.

### Ausblick

Unser Überblick zeigt, dass das Neue Testament bei aller Pluralität Teil einer Entwicklung ist, die mit einer gewissen Zwangsläufigkeit auf die christologischen Lehrscheide der Alten Kirche hinführt. Die in seinen Schriften bezeugten begrifflichen und titularen „Christologien" reflektieren und legitimieren die Einbeziehung Jesu in die Verehrung des Gottes Israels, die durch die Osterereignisse ausgelöst wurde. Dass unter anderem sie die Kirche letztlich aus Israel hinausführte, hat komplexe Ursachen und war zu Beginn auch keineswegs zwangsläufig, war aber unter den konkreten historischen Konstellationen wohl unvermeidbar. Dass die Hoheit und die Herrschaft des auferstandenen Jesus ursprünglich aber gerade innerhalb Israels zur Sprache gebracht und in Israels Sprache ausgesagt wurden, gehört ebenso wie die Heiligen Schriften zum gemeinsamen Erbe von Kirche und Synagoge. ■

**Prof. Dr. Hans-Ulrich Weidemann** ist Professor für Neues Testament an der Universität Siegen. Forschungsschwerpunkte sind die Schnittstellen zwischen neutestamentlicher und altkirchlicher Literatur sowie der frühen Liturgie.

Arius und der „Arianismus"

# Ein Presbyter entfesselt eine jahrhundertelange Kontroverse

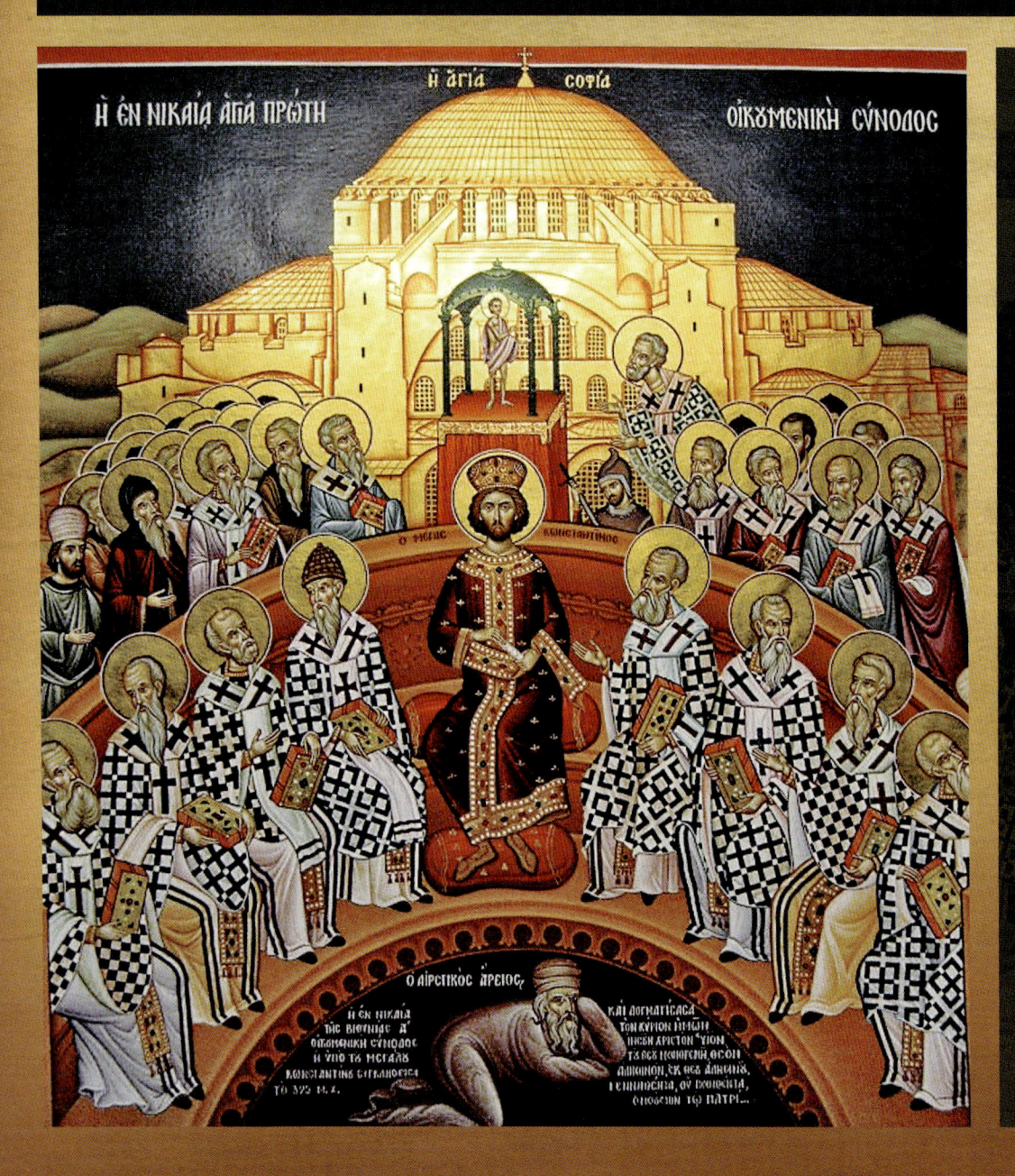

**Das Konzil von Nizäa** in der Darstellungsweise, die sich in der ostkirchlichen Ikonenmalerei durchgesetzt hat: Der verdammte Arius hat darin seinen festen Platz zu Füßen der Konzilsväter zugewiesen bekommen. Ikone jüngeren Alters im Mégalo Metéoron (Meteora-)Kloster, Griechenland.

Im Mittelpunkt des größten Streits der frühen Christenheit steht ein Mann: Arius, ein frommer und angesehener Vorsteher einer Stadtteilgemeinde von Alexandria. Er vertrat, Christus sei geschaffen – und wer geschaffen ist, ist nicht ewig und damit nicht Gott. Das nizänische Glaubensbekenntnis ist im Wesentlichen eine Gegenformulierung zu dem, was Arius sich vorstellte. Doch wurde er auch missverstanden und sein Anliegen wird heute in der Forschung wieder gewürdigt. **Von Uta Heil**

Arius, gestorben nach 327, ist einer der berühmtesten Häretiker der Alten Kirche – aus zwei Gründen: Erstens löste er um 315 den nach ihm benannten „arianischen" Streit um die Trinität aus, der das gesamte 4. Jh. prägte und noch lange – bis zur „Bekehrung" des Westgotenkönigs Rekkared auf der Synode von Toledo (589) – fortwirkte. Zweitens verdanken wir ihm das „nizänische Glaubensbekenntnis", das das Konzil von Nizäa (325) formulierte, um sich gegen ihn abzugrenzen. In seiner überarbeiteten Fassung vom zweiten ökumenischen Konzil in Konstantinopel (381) ist dieses Bekenntnis, zu finden auf S. 36, bis heute als einziges von allen christlichen Gemeinschaften anerkannt.

Zu beachten ist jedoch, dass Arius Aussagen angelastet wurden, die er selbst in dieser Form nicht vertreten hatte – so bereits auf dem Konzil von Nizäa (325), das ihn verurteilte. Dieser „Arianismus" entwickelte sich schnell zu einem beliebten Mittel der Polemik: Anhänger der Konzilsbeschlüsse von Nizäa unterstellten Andersdenkenden, „Arianismus" zu vertreten, um sie als Häretiker bloßzustellen und ihre Verurteilung zu fordern. Besonders Athanasius, Bischof von Alexandrien (328–373), wendete dieses Argumentationsmuster immer wieder an, obwohl die von ihm Kritisierten sich selbst keineswegs als Anhänger des Arius verstanden. Da seine Sicht die spätantike Geschichtsschreibung maßgeblich geprägt hat, ist erst durch die historisch-kritische Forschung des 20. Jh. eine differenzierte Sicht auf die theologischen Positionen der beteiligten Personen wie auch die des Arius entwickelt worden.

### Wer war Arius und wie dachte er über den Gottessohn?

Arius, ein philosophisch gebildeter Libyer, wirkte als selbstbewusster Presbyter einer Gemeinde in Alexandrien, in der er auch predigte. Er war „international vernetzt" – mit Kontakten zu angesehenen Bischöfen wie Eusebius von Cäsarea, Paulinus von Tyrus und Eusebius von Nikomedien. Seine Lebensdaten sind unbekannt; überliefert ist nur, dass er zu Beginn des Streits schon ein alter Mann gewesen sei. Arius war überzeugt davon, in der rechtgläubi-

> *Arius war überzeugt davon, in der rechtgläubigen Tradition der Kirche zu stehen*

gen Tradition der Kirche zu stehen. Und in der Tat lassen sich seine Ansichten auf die seit dem 2. Jh. entwickelte Logostheologie und auf Aussagen der alexandrinischen Theologen Origenes und Dionys von Alexandrien zurückführen (vgl. S. 13–15). So war er keinesfalls bereit, seine Verurteilung durch seinen Ortsbischof Alexander (gest. 328) auf einer innerägyptischen Synode von etwa 100 Bischöfen zu akzeptieren; er nutzte seine Kontakte und mobilisierte eine Protestbewegung, die den Streit weit über die Grenzen Ägyptens hinaustrug. Synoden in Palästina und Bithynien plädierten dafür, die Exkommunikation des Arius aufzuheben, aber Alexander weigerte sich, den Beschluss der ägyptischen Synode zurückzunehmen, was er seinerseits in Rundbriefen bekannt gab. Daher setzte der Christ gewordene Kaiser Konstantin, seit 324 Alleinherrscher im Römischen Reich, diese Streitfrage mit auf die Tagesordnung des nach Nizäa einberufenen ersten reichsweiten Konzils in der Geschichte des Christentums. Beinahe 300 Bischöfe kamen zusammen, verständigten sich nach längeren Verhandlungen auf eine theologische Erklärung – das *Nizänum* – und verurteilten Arius.

Wahrscheinlich entzündete sich der Streit zwischen Arius und Alexander an der christologischen Auslegung eines Verses im biblischen Sprüchebuch in seiner griechischen Übersetzung (Spr 8,22 LXX), wo die präexistente „Weisheit" über sich spricht: *„Der Herr hat mich erschaffen als Anfang seiner Wege auf seine Werke hin."* Für Arius war dieser Vers ein Beleg dafür, dass Gott, der Vater, Quelle und der Urheber allen Seins, den Sohn zwar vor allen Zeiten, aber dennoch einmal erst *geschaffen* habe. Daher könne er keinesfalls genauso ewig sein wie der Vater. Der Sohn habe also einen Anfang und habe zuvor *nicht* existiert – auch wenn „Zeit" erst mit der Schöpfung der Welt durch den Sohn begonnen hat (zur Schöpfungsmittlerschaft vgl. die Beiträge von A. Merkt und H.-U. Weidemann).

Neben dem Zeitpunkt war auch die Art und Weise seiner Entstehung aus dem Vater umstritten. Arius lehnte es ab, von dem Begriff „Sohn" auf körperliche Zeugungsvorgänge bei Gott zu schließen oder den Sohn als Teil, Ausfluss oder Abspaltung des Vaters zu verstehen. Der Vater sei ewig gleichbleibend und unwandelbar, gebe daher nichts von sich selbst oder aus seinem Wesen an den Sohn ab – denn das hätte ihn selbst verändert –, sondern er stehe über dem Sohn und rufe ihn nach seinem Willen aus nichts ins Dasein. Arius

## Die Begriffe der Kontroversen ▪ Teil 3: Der arianische Streit

### HOMOUSIOS
### HOMOIOS

griech., „wesen*eins*" (homousios, Begriff aus dem Nizänum von 325) und „*gleich*" (homoios). Für die *Homöer* war es nur möglich, Vater und Sohn schlicht als „gleich" zu bezeichnen, da Gottes Wesen den Menschen unbekannt bleibt. Die *Homousianer* (=Nizäner) setzten sich allerdings durch: Vater und Sohn sind „eines Wesens", da man sonst Gefahr laufe, den Sohn dem Vater unterzuordnen und ihm nicht seine volle Gottheit zuzuerkennen – das beeinträchtige jedoch seine Möglichkeit, uns zu erlösen.

### USIA

griech., „Wesen", ist der Begriff, der in Latein mit *substantia* wiedergegeben wird: das göttliche Ganze, das Eine, das Gemeinsame aller drei göttlichen Personen.

### ANATHEMA

griech., „verflucht sei", bezeichnet in der Dogmengeschichte die Verdammung von Lehren auf einem Konzil oder einer Synode. Die zugehörigen Häretiker werden mit Kirchenbann belegt und exkommuniziert, also aus der christlichen Gemeinde ausgeschlossen.

### ZEUGUNG DES SOHNES

Der Begriff ist biblisch, in Ps 2,7 heißt es: „*Mein Sohn bist du. Heute habe ich dich gezeugt*" (die Himmelsstimme bei der Taufe Jesu in Mk 1,11 parr spielt darauf an). Für Arius bedeutete dies, dass der Sohn einen Anfang hatte, dass der ewige Gott ihn in der Zeit hatte entstehen lassen. Für die Mehrheit in Nizäa bedeutete „Zeugung", dass der Sohn, der Logos, der ewig eins mit dem Vater ist, in die Welt *gesendet* wird.

### SUBORDINATIANISMUS

von lat. *subordinare*, „unterordnen". Christus ist nach dieser Auffassung nicht „wesenseins", sondern hat ein eigenes Wesen und ist dem Vater untergeordnet. Damit existiert der Sohn für sich selbst und ist nicht Teil der einen göttlichen Substanz oder des einen göttlichen Wesens.

### EINGEBOREN

bedeutet: einziger Sohn. Der Begriff stellt klar, dass es keine weiteren Gottessöhne oder -töchter gab oder geben wird.

---

**Presbyter**
In der frühen Kirche Leitungsamt unter dem Bischof, angelehnt an das biblische und jüdische Ältestenamt. Es umfasst liturgische und organisatorische Aufgaben.

---

kritisiert deswegen seinen Bischof: Alexander rücke den Sohn zu eng an Gott, den Vater, heran, wenn er ihn als „*ewig aus dem Vater gezeugt*" beschreibe. Dann müsse er entweder die eine Gottheit teilen oder zwei gleichwertige ewige Prinzipien einführen.

Der Sohn ist für Arius zwar ein *Geschöpf*, aber nicht eines wie die übrigen Geschöpfe der Welt, sondern ein besonderes, vollkommenes Geschöpf, ein vollkommenes Erzeugnis des Vaters. Denn der Sohn ist der Schöpfungsmittler, durch den Gott die Welt geschaffen hat. Arius betont, dass der Sohn ebenso unveränderlich und unwandelbar sei wie der Vater, also keineswegs eines der übrigen Geschöpfe. Denn nur das Geschaffene wandele sich und vergehe, nicht aber der Sohn. Genau dieser Punkt wird jedoch in der Verurteilung des Arius übergangen, sodass ihm unterstellt wurde, er betrachte den Sohn als reines irdisches Geschöpf wie die übrige Schöpfung. Da Arius die Vokabeln „zeugen" und „schaffen" ohne Bedeutungsunterschied benutzte, konnte aus einzelnen seiner Formulierungen leicht diese Konsequenz gezogen werden.

So wurde auf der Synode von Nizäa gegen Arius festgehalten, dass Jesus Christus

- der Sohn Gottes sei,
- der als Eingeborener aus dem Vater gezeugt, aber nicht geschaffen wurde,
- sodass er als wahrer Gott aus wahrem Gott
- aus dem Wesen des Vaters gezeugt
- und dem Vater wesenseins (griech. *homousios*) sei.

Es wurde als „arianisch" verdammt:
- „es war einmal, dass er nicht war",
- „er war nicht, bevor er nicht gezeugt wurde",
- „er wurde aus nichts",
- „er ist aus einer anderen Hypostase oder einem anderen Wesen",
- „er ist geschaffen, wandelbar und veränderlich".

Diese letzte Aussage hat bis in die Neuzeit das falsche Bild von Arius geprägt, er halte den Sohn Gottes für ein normales Geschöpf, also für einen Menschen. Dieser Mensch Jesus sei allein aufgrund seiner wahren Lehren und seines vorbildlichen Lebenswandels von Gott, dem Vater, quasi adoptiert und als Sohn angenommen worden. Ob nun altkirchlich negativ „Arianismus" abgelehnt und polemisch unterstellt wurde oder ob neuzeitlich positiv auf „Arianismus" zurück-

**Athanasius** tritt den Häretiker Arius mit dem Fuß nieder. Manuskript aus dem 11./12. Jh. (mit späteren Vermerken) der Schrift „Contra Arianos", die der nordafrikanische Bischof Vigilius von Thapsus im 5. Jh. verfasst hat. Paris, Nationalbibliothek.

gegriffen wird als angeblich antitrinitarische, undogmatische und somit „ursprüngliche" Form des Christentums – es dürfte deutlich geworden sein, dass Arius selbst ein vorweltliches, göttliches Sein Jesu Christi vorausgesetzt hat. Nur deswegen kam es überhaupt zu dem Streit über das Verhältnis des präexistenten Christus zu Gott, dem Vater, und über die Art und Weise seiner vorweltlichen Zeugung.

### Arius wirkt nach: Andere Gruppen werden „Arianer" geschimpft

Nach der Synode von Nizäa spielte Arius keine weitere Rolle mehr in den theologischen Auseinandersetzungen; „Arianismus" wurde von allen damals als häretisch abgelehnt. Dennoch dauerte der Streit noch lange an, denn er verlagerte sich auf andere Aspekte und dehnte sich schließlich auch auf die dritte göttliche Person, den Heiligen Geist, aus. So wurde erst um 380 nC eine theologische Lösung entwickelt, die von der größeren Mehrheit in Ost und West getragen wurde (vgl. Beitrag Andreas Merkt S. 32–41).

Zuvor hatte sich der Streit zeitweilig so zugespitzt, dass auf einer Synode in Serdica 343, eigentlich von den beiden Kaisern Konstans (Westen) und Konstantius (Osten) dazu einberufen, die aufgestauten theologischen und personalpolitischen Probleme auszuräumen, die Einheit der Kirche zerbrach: Die Anwesenden spalteten sich in zwei Teilsynoden, auf der sich Ost und West (mit Ägypten) gegenseitig verurteilten. Die aus dem Osten angereisten Bischöfe protestierten vor allem gegen die voreilige Aufnahme des geflohenen

Athanasius im Westen – hatten sie ihn doch auf einer Synode in Tyrus (335) wegen Unregelmäßigkeiten in der Amtsführung abgesetzt. Außerdem war ihnen die Aufnahme des Markell von Ancyra ein Dorn im Auge. Markell erhitzte die Gemüter aufgrund seiner eigenwilligen theologischen Anschauungen, die er in Kritik am Gedankengut des Origenes entwickelt hatte: Er sah Vater und Sohn als eine, ungeteilte und ungetrennte Hypostase. Damit kritisierte er die Anschauung der „Eusebianer" im Osten als „Arianismus": Sie bezeichneten Vater, Sohn und Heiligen Geist als drei selbstständige Hypostasen. Für Markell war deren Grundgedanke untragbar, dass der Sohn für sich selbst existiere und als eigene Hypostase dem Vater untergeordnet sei (Subordinatianismus). Zu Beginn der 330er-Jahre hatte er sogar versucht, mithilfe eines theologischen Traktats über die Irrtümer dieser und weiterer „Origenisten" neben Arius den Kaiser Konstantin davon zu überzeugen, gegen sie vorzugehen. Damit hatte er seinen Einfluss allerdings überschätzt und wurde selbst auf einer Synode in Konstantinopel (336) unter dem Vorsitz eben jenes Eusebius von Nikomedien abgesetzt. Auf der Synode in Serdica jedoch akzeptierte der Westen die theologischen Ansichten des Markell und verurteilte die Bischöfe des Ostens insgesamt als „Arianer".

Die Spaltung der Kirche seit der Synode von Serdica. 343 ließ sich nicht so einfach überwinden. Kaiser Konstantius, alleiniger Kaiser über Ost und West seit 353, regte schließlich mehrere Treffen von ausgesuchten Bischöfen in seiner Residenz in Sirmium im heutigen Serbien an, bei denen eine neue theologische

> **Durch eine historische Zufälligkeit kam es dazu, dass die meisten germanischen Bevölkerungsverbände das Christentum in seiner homöischen Form annahmen**

Grundlage erarbeitet werden sollte. Es war sein Ziel, nach der *politischen* Reichseinheit auch die *kirchliche* Einheit wiederherzustellen, wie sie zur Zeit seines Vaters Konstantin geherrscht hatte. Zwischen 357 und 359 wurde hier eine neue theologische Erklärung erarbeitet, welche die Mehrheit der Bischöfe auf zwei getrennten Teilsynoden in Rimini (West) und Seleukia (Ost) 359 sowie einem anschließenden gemeinsamen Treffen in Konstantinopel (359/360) nach längerem Ringen tatsächlich annahm. Das Besondere dieses Kompromisses war der Verzicht, ja sogar das Verbot, in trinitarischen Aussagen die Begriffe „Wesen" (griech. *usia*) und „Hypostase" zu verwenden, da sie unbiblisch seien. Schon auf der Synode in Nizäa 325 hätten die Bischöfe unvorsichtigerweise den Begriff „wesenseins" benutzt. Kein Mensch könne jedoch Gottes Wesen erkennen oder definieren. Man möge sich darauf beschränken, den Sohn als dem Vater „gleich" (griech. *homoios*) zu bezeichnen, weswegen die Vertreter dieser Lösung in der Forschung „Homöer" genannt werden.

Doch gab es eine ganze Reihe von Bischöfen, die mit der homöischen Lösung nicht einverstanden waren. Athanasius zum Beispiel, vom Kaiser Konstantius erneut abgesetzt und seit 356 auf der Flucht, lehnte inzwischen vehement jede Kritik am Nizänum von 325 ab und verteidigte dessen Beschreibung des Sohnes als dem Vater „wesenseins" nun ausdrücklich. Für ihn sind die Homöer nur neue „Arianer", sodass er sich in mehreren Schriften dafür einsetzt, die Beschlüsse von Rimini zurückzuweisen und deren Vertreter abzusetzen. Außerdem waren mehrere andere Bischöfe im Osten aus der Tradition der beiden Eusebe (Eusebius von Cäsarea und Eusebius von Nikomedien) nicht bereit, die homöische Erklärung zu unterzeichnen, sodass sie 360 abgesetzt worden waren. Nach dem Tod des Konstantius (361) gab es sogar innerhalb der Homöer selbst eine Absetzbewegung von der eigenen Lösung. So kam es dazu, dass letztendlich die homöische Theologie eine Episode blieb. Das Nizänum gewann immer mehr Fürsprecher und bildete die Basis für den neuen reichsweiten Konsens auf dem zweiten ökumenischen Konzil (381) unter Kaiser Theodosius. Bedeutende Bischöfe und Theologen in Ost (die Kappadokier Basilius von Cäsarea, Gregor von Nyssa, Gregor von Nazianz sowie Meletius von Antiochien) und West (Hilarius von Poitiers, Damasus von Rom, Ambrosius von Mailand) hatten diesen sogenannten „Neu-Nizänismus" entwickelt.

Von nun an galten die Homöer als „Arianer" und waren verurteilt. Daher ist zu beachten: Wenn in antihäretischen Texten jener Zeit von „Arianern" die Rede ist, dann ist mit dieser Bezeichnung die Gruppe der Homöer gemeint, obwohl sich die Homöer keinesfalls selbst als Arianer sahen, im Gegenteil: Sie haben sich selbst ausdrücklich in Anathematismen, also Verdammungen, vom „Arianismus" distanziert. Da sie jedoch das gegen den „Arianismus" gerichtete Nizänum ablehnten, galten sie für die Anhänger des Nizänums unterschiedslos ebenfalls als „Arianer".

### Die Goten werden zu Arianern, obwohl sie eigentlich Homöer sind

Durch eine historische Zufälligkeit kam es dazu, dass die meisten germanischen Bevölkerungsverbände das Christentum in seiner homöischen Form annahmen. Die Keimzelle dieses homöischen Christentums war eine kleine gotische Gruppe, die mit ihrem geistlichen und weltlichen Anführer Wulfila zur Zeit des Kaisers Konstantius auf römischem Reichsboden in der Provinz *Moesia inferior*, heute Bulgarien/Rumänien, angesiedelt worden war. Diese Goten schlossen sich der in den Donauprovinzen stark vertretenen Gruppe der Homöer an; Wulfila selbst nahm auch an der homöischen Synode in Konstantinopel (360) teil. Die West- und Ostgoten, und vermittelt durch sie auch die Burgunder, Sueven und Vandalen, lehnten dann den „Neu-Nizänismus" als eine neue Häresie der „Wesenseiner" (Homousianer) ab. Sie waren überdies reichsrechtlich von den neuen Häretikergesetzen nicht betroffen. So schlossen sich ihnen auch inzwischen illegal gewordene lateinische Homöer an und verteidigten den aus ihrer Sicht rechten und traditionellen Glauben der Synode von Rimini 359: Für sie ist der Sohn, da vom Vater gezeugt, dem Vater gleich (*similis*); er hat eine eigene, dem Vater untergeordnete Existenz – und wenn die Nizäner von einer „Identität" (*aequalitas*) des Sohnes mit dem Vater reden, heben sie diese untergeordnete Existenz auf.

Im Alltag waren diese theologischen Differenzen kaum bemerkbar. In der Liturgie hatten die Homöer die traditionelle Form der Formulierung „Ehre sei dem Vater *durch* den Sohn *im* Heiligen Geist" beibehalten, während die Neu-Nizäner zunehmend „Ehre sei dem Vater *und* dem Sohn *und* dem Heiligen Geist" bevorzugten, um jegliches Missverständnis einer Subordination auszuschließen. Außerdem pflegten die Homöer bei Konversionen die Praxis der Wiedertaufe, wogegen die Nizäner konvertierte Homöer durch einfache Handauflegung in die Gemeinschaft aufnahmen. Es hat also weder eine eigene „arianische" Taufformel gegeben noch waren etwa „arianische" Kirchen an besonderen Baumerkmalen erkennbar.

Wenn den Goten, Burgundern, Sueven und Vandalen von „katholischer" Seite durch Ambrosius von Mailand über Augustinus bis Gregor von Tours „Arianismus" vorgeworfen wird, stellen sie damit nur polemisch eine Beziehung zum historischen Arius her, ohne dass diese sich selbst je auf ihn berufen haben oder theologiegeschichtlich auf ihn zurückzuführen sind. So war Arius nur zu Beginn des „arianischen" Streits um die Trinität von Bedeutung; „Arianismus" blieb dagegen als unscharfes Häretiker-Etikett präsent, das verschiedenen Gruppen polemisch angeheftet wurde. ■

**Kaiser Konstantin lässt auf dem Konzil von Nizäa arianische Bücher verbrennen,** Miniatur aus einem Werk über das Kanonische Recht aus Vercelli (Italien), MS CLVX, entstanden um 825. Biblioteca Capitolare, Vercelli.

**PD Dr. Uta Heil**
ist Dozentin für Ältere Kirchengeschichte an der Universität Erlangen-Nürnberg. Von ihr sind u. a. Übersetzungen der Schriften „Gegen die Heiden", „Über die Menschwerdung des Wortes Gottes" und „Über die Beschlüsse der Synode von Nizäa" des Athanasius von Alexandria erschienen.

Die frühen Konzilien und die ersten Dogmen

# Das Ringen um die Wahrheit

**Die Marienkirche von Ephesus,** eine Doppelkirche mit riesigen Ausmaßen und einem weitläufigen Atrium. Hier fand im Jahr 431 ein ökumenisches Konzil statt. Es ging um die Frage, ob Maria „Christusgebärerin" oder „Gottesgebärerin" ist. Hitzköpfig erklärte hier die marienfromme Delegation aus Alexandria, noch bevor die Gruppe mit der Gegenmeinung eintraf: *„Wenn jemand nicht bekennt, dass der Emanuel (Christus) in Wahrheit Gott ist und dass deswegen die heilige Jungfrau Gottesgebärerin ist – denn sie hat dem Fleisch nach den aus Gott stammenden fleischgewordenen Logos geboren – so sei er ausgeschlossen."* Mit diesem Argument setzten sich die Alexandriner durch.

Im 4. Jh. gehen die theologischen Klärungen der Kirche in eine neue Runde. Erste reichsweite Zusammenkünfte sind möglich, neue politische Machtverhältnisse entstehen und die Debatte um Vater und Sohn erhält neue Dynamik. Es geht um nichts Geringeres als die Einheit Gottes zu wahren und die Erlösung zu denken – dadurch, dass Gott aus Liebe zu den Menschen selber Mensch geworden ist. **Von Andreas Merkt**

In den ersten Jahrhunderten war es schwierig, für die gesamte Kirche gültige Beschlüsse zu fassen. In den Teilen des Römischen Reichs kursierten unterschiedliche theologische Reflexionen über das Verhältnis vom Sohn zu Gottvater. Als sich Kaiser Konstantin zum Christentum hin öffnete, änderte sich das. Plötzlich war es möglich, reichsweite Treffen zu organisieren, zu denen die Kaiser alle Bischöfe von nah und fern einluden. Besonders die ersten vier dieser großen Konzilien haben eine elementare Bedeutung: Sie fällten bis heute gültige Entscheidungen über das Gottesbild und die Christologie. Bischof Isidor von Sevilla vergleicht die ersten vier ökumenischen Konzilien mit den vier Flüssen des Paradieses. Papst Gregor der Große stellt sie sogar den vier Evangelien gleich.

### Das erste Konzil: Nizäa 325
### Alles scheint geklärt

Zum ersten ökumenischen Konzil konnte es nur kommen, weil erstmals ein Kaiser über das gesamte Reich regierte, der den Christen wohlgesinnt war. Konstantin hatte seinen Sieg in der Schlacht an der Milvischen Brücke vor den Toren Roms im Jahre 312, der ihn zum Alleinherrscher im Westen gemacht hatte, dem Gott der Christen zugeschrieben. Seitdem förderte Konstantin das Christentum. 324 besiegte er den Ostkaiser Licinius und wurde zum alleinigen Kaiser im Reich.

Kurz darauf berief er das Konzil ein – als „Dankgeschenk für den Sieg", wie sein Biograf Eusebius von Cäsarea in der *Vita Constantini* schreibt. Er stellte den Bischöfen für die Anreise die kaiserliche Post zur Verfügung. In Nizäa (griech. *Nikaia*), dem heutigen Iznik (Türkei), einem idyllisch gelegenen Badeort, tagte man in der kaiserlichen Palastaula. Konstantin führte selbst den Vorsitz, überließ aber die praktische Leitung seinem theologischen Berater Ossius von Cordoba.

Auf dem Konzil wurden auch kirchenrechtliche und liturgische Fragen geklärt. Die bleibende Bedeutung liegt aber in dem Glaubensbekenntnis, das dort formuliert wurde, das sogenannte *Nizänum*.

Den Anlass für das Konzil bot der Streit um den Presbyter Arius aus Alexandria. Er hatte gelehrt, dass der Sohn – oder *Logos* – ein Geschöpf des Vaters sei, und war deshalb von zwei alexandrinischen Synoden exkommuniziert, von einer kleinasiatischen und einer palästinischen wieder rehabilitiert und schließlich von einer Synode in Antiochia wiederum verurteilt worden (vgl. Beitrag von Uta Heil, S. 26–31).

Das Nizänum betonte nun gegen Arius, der Sohn sei
*„aus dem Wesen des Vaters geboren,
wahrer Gott von wahrem Gott,
gezeugt, nicht geschaffen,
gleichen Wesens mit dem Vater".*

Die letzte Bestimmung, „gleichen Wesens" (*homousios*), soll nach dem Bericht des Eusebius auf Konstantin selbst zurückgehen. Arius und einige weitere Bischöfe, die das Bekenntnis nicht unterschreiben wollten, wurden verbannt.

### Konstantin setzt auf die Mehrheit:
### Der Streit geht weiter

Mit dem Konzil war der theologische Streit aber keineswegs beigelegt. Kurz danach rehabilitierte Konstantin nämlich Arius und einige seiner Anhänger. Stattdessen verbannte er nun Verfechter des Nizänums. Vermutlich erkannte Konstantin allmählich, dass die Mehrheit der östlichen Bischöfe – entgegen den Beschlüssen von Nizäa – eine Form der Unterordnung (lat. *subordinatio*) des Sohnes unter den Vater lehrte, einen sogenannten „Subordinatianismus". Im Westen dagegen, wo Konstantin ja das Christentum kennengelernt hatte, betonte man, dass der Sohn eines Wesens mit dem Vater (*consubstantialis*) und ihm insofern gleich sei. Ohne tieferes Verständnis für das theologische Problem förderte

> Ohne tieferes Verständnis für das theologische Problem förderte Konstantin schlicht die Mehrheitstheologie

Konstantin schlicht die Mehrheitstheologie. Dazu trug auch der Einfluss seines Hofbischofs bei: Eusebius von Nikomedien vertrat einen gemäßigten „Arianismus". Er lehrte die Unterordnung des Sohnes, ging allerdings nicht so weit wie Arius, den Sohn als Geschöpf zu bezeichnen.

Das religionspolitische Prinzip, die Mehrheitstheologie zu unterstützen, behielten auch Konstantins Nachfolger bei. Die Westkaiser förderten die Nizäner, die Ostkaiser die Subordinatianer. Als einer der Söhne Konstantins, Konstantius II., im Jahre 350 Alleinherrscher über Ost und West wurde, spitzte sich der Konflikt zu. Konstantius versuchte nun, reichsweit eine

**Kein großer Theologe:** Kaiser Konstantin auf einer Münze seiner Epoche. Ihm ging es eher darum, politische Ruhe in seinem Reich herzustellen. Religionseinheit war ein maßgeblicher Sicherheitsfaktor für seinen Machterhalt.

## QUELLENTEXT:
## ATHANASIUS, ANTONIUS DER EINSIEDLER UND DIE ARIANER
*Aus dem „Leben des Heiligen Antonius" (**Vita Antonii**) des Athanasius, 69. Kapitel*

Zur selben Zeit, als Patriarch Athanasius gegen Arius zu Felde zieht, verfasst er die *Vita Antonii*, die Lebensbeschreibung des großen Wüstenvaters, als exemplarisches Vorbild für alle Mönche. Dabei spannt er Antonius auch in seinen Arianerkampf ein: Er schildert eine Begebenheit, in der Antonius angeblich auf Bitten der Bischöfe nach Alexandria geht, um die Arianer zu widerlegen:

„Als einmal die Arianer die Lüge ausstreuten, Antonius denke ebenso wie sie, da war er unwillig und zornig über sie. Er wurde dann von den Bischöfen und allen Brüdern gerufen, kam herunter von dem Berge, ging nach Alexandria und verdammte die Arianer; er erklärte, dies sei die letzte Häresie und ein Vorläufer des Antichrist. Er belehrte auch das Volk, der Sohn Gottes sei kein Geschöpf noch sei er aus dem Nichtseienden geworden, sondern das Wort und die Weisheit seien ewig vom Wesen des Vaters. Deshalb ist es auch gottlos zu sagen: Es gab eine Zeit, da er nicht war; denn das Wort war immer zugleich mit dem Vater. Daher habt nicht die geringste Gemeinschaft mit den allergottlosesten Arianern ..."

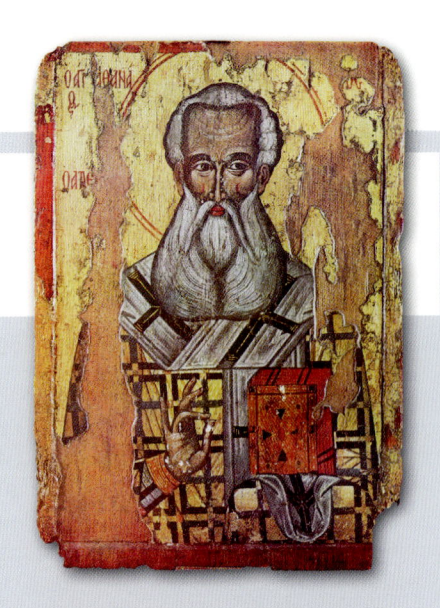

**Athanasius der Große**, 298–373, Patriarch von Alexandria und wohl einer der machtbewusstesten Theologen des frühen Christentums. Ikone aus dem 17. Jh.

Form des Subordinatianismus durchzusetzen, und zwar die Lehre der Homöer. Diese vertraten eine Mittelposition zwischen Arianismus und Nizänismus: Der Sohn sei dem Vater „ähnlich (griech. *homoios*) gemäß der Schrift". Den unbiblischen Begriff „Wesen" oder „Substanz" (*usia*) lehnten sie ab.

Konstantius verbannte nizäatreue Bischöfe und setzte Synoden unter Druck. Im kalten Spätwinter des

> Im kalten Spätwinter ließ der Kaiser die Synodalen so lange in unbeheizten Räumen einschließen, bis sie ein homöisches Bekenntnis unterzeichneten

Jahres 359 ließ er in Rimini die Synodalen so lange in unbeheizten Räumen einschließen, bis sie ein homöisches Bekenntnis unterzeichneten. Durch eine Synode in Konstantinopel im Jahr 360 wurde dieses Bekenntnis zum Reichsdogma erhoben.

Nach einem kurzen Zwischenspiel unter dem heidnischen Kaiser Julian (361–363), den die Christen *Apostata*, den „Abtrünnigen", nannten, wurde das homöische Bekenntnis unter Kaiser Valens (364–378) im Osten erneut zum Reichsdogma, während der Westen wieder größtenteils zum Nizänum zurückkehrte.

### Athanasius erklärt, warum Gott unbedingt ganz Mensch werden und der Sohn ewig gezeugt sein muss

Einer der profiliertesten und umstrittensten Theologen und Kirchenpolitiker dieser Zeit war Athanasius von Alexandria, den seine Gegner „Pharao" nannten. Schon als Diakon hatte er an der ersten Verurteilung des Arius mitgewirkt. Zum Konzil von Nizäa hatte er seinen Bischof Alexander begleitet. Und 328 trat er seine Nachfolge als Patriarch an. Er verteidigte das Nizänum mit allen theologischen und politischen Mitteln. Teilweise setzte er Mönche als Kampftruppen gegen „Arianer" ein. Umgekehrt musste er mindestens fünfmal ins Exil gehen, 335 erstmals noch unter Konstantin, das letzte Mal unter Kaiser Konstantius II. in den 350er-Jahren. Im Jahre 373 starb er.

In seiner Schrift „Über die Menschwerdung des Logos" hat Athanasius die wichtigsten theologischen Argumente für die Verurteilung des Arius geliefert. Grundlegend ist der Gedanke der „Vergöttlichung": Die Menschen können nur Gemeinschaft mit Gott erhalten, wenn sie „gottfähig" gemacht werden, also irgendwie vergöttlicht werden. Voraussetzung dieser Vergöttlichung der Menschen ist aber die Vermenschlichung Gottes. Wenn der Logos nur ein „Statthalter" Gottes wäre und nicht seinem Wesen nach Gott, könnten wir in ihm und durch ihn auch nicht Gott selbst erreichen. Nur wenn Gott Mensch wird, kann der Mensch Gemeinschaft mit Gott haben. Ein Geschöpf könnte die Mängel des Geschöpfs, seine Todverfallenheit und Sündhaftigkeit, nicht überwinden und so auch den Menschen nicht „gottfähig" machen.

Dazu kam noch ein kniffliges begriffslogisches Argument: Wenn der Sohn geschaffen ist, wie Arius meint, dann hat er einen Anfang. Dann müsste aber auch das Vatersein des Vaters einen Anfang haben. Das heißt: Der Vater hätte sich dann vom Nichtvatersein zum Vatersein verändert. Wenn er aber veränderlich ist, ist er nicht Gott. Die Lehre des Arius führt deshalb zu dem absurden Ergebnis, dass auch der Vater nicht im eigentlichen Sinne Gott ist, weil ihm das Gottesprädikat der Unveränderlichkeit fehlt. Will man die Göttlichkeit des Vaters retten, muss man von einer „ewigen Zeugung" des Sohnes durch den Vater ausgehen. Das hatte schon Origenes gelehrt: Aus dieser innergöttlichen Dynamik geschehen dann die Schöpfung und die Erlösung durch den Logos – ohne dass Gott dadurch selbst zeitlich und veränderlich wird.

In den 350er-Jahren musste Athanasius noch an einer weiteren Front kämpfen. Es traten Theologen auf, die es ablehnten, den Heiligen Geist als Gott zu bezeichnen. Man nannte sie die *Pneumatomachen*, die „Geistbekämpfer". In drei Briefen an den unterägyptischen Bischof Serapion von Thmuis erläuterte Athanasius: Dem Taufglauben zufolge mit dem dreiteiligen Bekenntnis zu Vater, Sohn und Geist gibt es die Gemeinschaft mit Gott – welche die Taufe ermöglicht – nur in Verbindung mit dem Heiligen Geist. Wie nun der Sohn ganz Gott sein muss, weil er als Erlöser den Weg zu Gott grundsätzlich eröffnet hat, so muss auch der Geist ganz Gott sein, weil er als Erleuchter und Heiliger den Zugang zu Gott aktuell verschafft. In dieser Linie argumentierten dann auch drei bedeutende Theologen, die den Weg zum bis heute gültigen Bekenntnis von Konstantinopel bahnten.

### Die drei großen Kappadokier finden die Lösung

Als „die drei großen Kappadokier" bezeichnet man drei Theologen, die alle aus Kappadokien in der heutigen Zentraltürkei stammten und nach den Städten bezeichnet werden, in denen sie Bischof waren: Basilius von Cäsarea, sein Bruder Gregor von Nyssa und ihr gemeinsamer Freund Gregor von Nazianz. Alle drei argumentierten mit der Bibel und der Liturgie für die Gottheit des Sohnes und des Geistes. Außerdem klärten sie einen Sprachgebrauch, der auf Origenes zurückging, bei diesem aber noch unklar geblieben war: *eine* göttliche Usia (oder Substanz) in *drei* Hypostasen. Ihre Grundthese lautete: So wie Gott sich in der Heilsgeschichte (griech. *oikonomia*) gezeigt hat, nämlich dreieinig, so ist er auch in seinem Sein (*on*). Der „ökonomischen", heilsgeschichtlichen Trinität entspricht die „ontische", seinsmäßige Trinität. Durch ihre theologische Arbeit gelang es ihnen, das nizänische Bekenntnis so neu zu formulieren, dass gemäßigte Subordinatianer zustimmen konnten.

Damit war die theologische Basis für ein neues Reichsbekenntnis gelegt. Die politische Voraussetzung schuf Kaiser Theodosius.

### Das zweite Konzil: Konstantinopel 381
### Viele Fragen geklärt – vorerst

Im Jahr 379 wurde Theodosius, ein spanischer General, Kaiser des römischen Ostreiches. Im Jahr 380 verpflichtete er seine Untertanen durch das Edikt *Cunctos populos* auf den Glauben der Bischöfe von Rom und Alex-

**Ein Traum verändert die Weltgeschichte:**
Konstantins Traum aus dem Freskenzyklus zur „Legende des Wahren Kreuzes" von Piero della Francesca in San Francesco/Arezzo, 1459–1466. Konstantin selbst hat erzählt, ihm sei vor der Schlacht mit seinem Konkurrenten Maxentius ein Lichtkreuz am Himmel erschienen mit der Aufforderung *„In diesem Zeichen siege!"* In der Tat siegte er, was 312 die sogenannte Konstantinische Wende einläutete. Schon 311 hatte Kaiser Galerius ein Toleranzedikt erlassen, das den Christen die freie Religionsausübung gestattete. Durch Konstantin erhielten sie nun auch staatliche Förderung.

# EIN DURCHBRUCH: DAS GROSSE GLAUBENSBEKENNTNIS

Das bis heute gültige „Große (nizäno-konstantinopolitanische) Glaubensbekenntnis" ist eine Erweiterung des nizänischen Glaubensbekenntnisses von 325. Die Zusätze sind rot markiert (s. u.). Angeblich haben sich die rund 150 anwesenden Bischöfe auf dem Konzil von Konstantinopel 381 darauf geeinigt – so berichten die Konzilsakten von Chalkedon 451. Dieses Glaubensbekenntnis reagierte auf alle heiß debattierten Fragen der ersten Jahrhunderte: die ewige Zeugung und Präexistenz des Sohnes, die Wesensgleichheit von Vater, Sohn und Geist, die Schöpfungsmittlerschaft des Sohnes, die Erlösung vom Tod durch Gottes Menschwerdung.

Wir glauben an den einen Gott,
den Vater, den Allmächtigen,
der alles geschaffen hat, Himmel und Erde,
die sichtbare und die unsichtbare Welt.

Und an den einen Herrn Jesus Christus,
Gottes eingeborenen Sohn,
aus dem Vater geboren vor aller Zeit:
Gott von Gott, Licht vom Licht,
wahrer Gott vom wahren Gott,
gezeugt, nicht geschaffen,
eines Wesens mit dem Vater;
durch ihn ist alles geschaffen.
Für uns Menschen und zu unserem Heil
ist er vom Himmel gekommen,
hat Fleisch angenommen
durch den Heiligen Geist von der Jungfrau Maria
und ist Mensch geworden.
Er wurde für uns gekreuzigt unter Pontius Pilatus,
hat gelitten und ist begraben worden,
ist am dritten Tage auferstanden nach der Schrift
und aufgefahren in den Himmel.
Er sitzt zur Rechten des Vaters
und wird wiederkommen in Herrlichkeit,
zu richten die Lebenden und die Toten;
seiner Herrschaft wird kein Ende sein.

Wir glauben an den Heiligen Geist,
der Herr ist und lebendig macht,
der aus dem Vater (und dem Sohn) hervorgeht,
der mit dem Vater und dem Sohn angebetet
und verherrlicht wird,
der gesprochen hat durch die Propheten,
und die eine, heilige, katholische und
apostolische Kirche.
Wir bekennen die eine Taufe zur Vergebung
der Sünden.
Wir erwarten die Auferstehung der Toten
und das Leben der kommenden Welt.

*gegen arianische und homöische Strömungen: der Sohn ist nicht nur ein besonderes Geschöpf, sondern er ist gleich ewig wie der Vater, Vater und Sohn sind wesensgleich, beide sind gleichermaßen göttliche Hypostasen, als schöpferisches Wort (Logos) ist Jesus Christus ewig eins mit dem Vater*

*betont die historische, menschliche Existenz Jesu Christi: Der Logos hat gelitten als Mensch*

*fügt die biblische Throngemeinschaft von Sohn und Vater ein*

*gegen kursierende Aussagen, Christi Königsherrschaft habe ein Ende, wenn Gottes Heilsplan erfüllt ist*

*der Heilige Geist wird jetzt als göttliche Person angesprochen, wird auch kyrios, „Herr", genannt und soll genauso angebetet werden. „Wesensgleich" wird der Geist nicht genannt – vermutlich aus Rücksicht auf die „Pneumatomachen"*

*das sogenannte „filioque" wurde im Westen später eingefügt, sollte die Wesensgleichheit von Vater und Sohn betonen, ist bis heute Differenz zwischen lateinischer und griechischen und orientalischen Kirchen.*

*der griech. Begriff „katholisch" bedeutet hier allgemein/weltumgreifend/universal, wird von manchen evangelischen Kirchen weggelassen oder durch „christliche" ersetzt*

---

andria, also den Nizänismus. Daraufhin berief er das Konzil von Konstantinopel ein. Anfangs nahmen nur Bischöfe aus dem Osten teil. Später stießen noch Vertreter des Westens hinzu.

Wie schon beim Konzil von Nizäa sind auch für Konstantinopel keine Konzilsakten überliefert. Vieles muss man aus späteren Quellen erschließen. Es ist deshalb auch umstritten, ob das Große Glaubensbekenntnis, das sogenannte „Bekenntnis der 150 Väter" von Konstantinopel, das 451 auf dem Konzil von Chalkedon zitiert wird, tatsächlich hier verabschiedet wurde. Jedenfalls ist dieses Bekenntnis, das *Nicaeno-Constantinopolitanum* (NC), als Bekenntnis von Konstantinopel in die Tradition eingegangen. Es verbindet alle großen christlichen Konfessionen.

Das NC entwickelt das Nizänum vor allem in zwei Richtungen weiter (s. Text links). Im zweiten Artikel wird nun ausdrücklich die Kreuzigung unter Pontius Pilatus erwähnt. Nachdem in Nizäa der Akzent vor allem auf der Göttlichkeit des Sohnes lag, wird nun also seine menschliche Existenz zu einem bestimmten historischen Zeitpunkt unterstrichen. Vor allem aber wird der dritte Artikel erweitert, der in Nizäa lediglich aus den Worten „und an den Heiligen Geist" bestanden hatte. Nun wird indirekt die Gottheit des Geistes zum Ausdruck gebracht durch die Gottesbezeichnungen „Herr" und „Lebensspender" sowie durch die sogenannte *Homotimie*, also die Tatsache, dass er in gleicher Weise und in gleichem Maße wie der Vater und der Sohn angebetet wird.

Theologisch noch klarer drückt sich ein Lehrdekret des Konzils aus. Der Text ist verloren, sein wesentlicher Inhalt wird jedoch wiedergegeben durch ein Schreiben einer Nachsynode, die im Jahr 382 in Konstantinopel tagte. Darin ist die Rede von der einen Gottheit als der einen Usia des Vaters, des Sohnes und des Heiligen Geistes in drei Hypostasen oder Personen (*prosopa*).

## Die Bedeutung des Konzils von Konstantinopel 381

Durch die kaiserliche Bestätigung der Beschlüsse des Konzils von Konstantinopel wurde der trinitarische Streit im Ostteil des Reiches offiziell zu einem Abschluss gebracht.

Das Konzil von Chalkedon hat dann „das Bekenntnis der 150 Väter" von Konstantinopel als verbindliches Credo angenommen. In den Akten dieses Konzils finden wir dann auch erstmals den Text dieses Bekenntnisses, das vor allem im Osten breit rezipiert wurde. Die griechische Kirche nahm es in die Liturgien

DIE ERSTEN CHRISTLICHEN DOGMEN

**Gott ist eine *substantia*,** differenziert in drei Personen. Die zweite davon ist Fleisch geworden, wurde gekreuzigt, ist auferstanden und hat zwei Naturen – die wiederum sind ungetrennt und ungeteilt, unvermischt und unverwandelt. So bündelt sich der Ertrag der Debatten in Chalzedon (451). Mitteltafel des Triptychons der Trinität von Luca di Tommé, um 1355. San Diego, Timken Museum of Art.

Gott ist eine Substanz (lat. substantia) oder ein Wesen (griech. usia)
- drei Personen oder Hypostasen: Vater, Sohn, Heiliger Geist
- hat zwei Naturen: göttliche Natur, menschliche Natur

der Taufe und der Eucharistie auf. Ende des 6. Jh. gelangte es auch in die lateinische Liturgie, wurde dort aber ab dem 8. Jh. weitgehend durch das in den wesentlichen Inhalten gleiche, aber weniger ausführliche „Apostolische Glaubensbekenntnis" verdrängt.

Damit war der christliche Gottesbegriff geklärt, wie er sich in den Auseinandersetzungen der Alten Kirche herausgeschält hatte, und zwar in einer verbindlichen Form. Das NC formuliert das Bekenntnis zu dem dreieinen Gott, durch das sich der Christ vom Nichtchristen unterscheidet. Die Trinitätsformel bringt auf ihre Weise eine grundlegende Einsicht in Gottes Wesen zum Ausdruck. Sie ist *„eine in philosophische Begriffe gefasste Metapher für das Mysterium des absoluten, dennoch seinem Geschöpfe liebevoll zugewandten Gottes der Christen"* (Reinhard Hübner). In der Geistesgeschichte bedeutete sie eine Revolution: Erstmals wurde hier die Überzeugung vertreten, dass die höchste und grundlegende Wirklichkeit in ihrem Wesen Beziehung ist.

Das NC blieb jedoch noch offen für unterschiedliche Deutungen einer Frage, die die Christen schon seit Jahrhunderten bewegt hatte: Wie ist die Verbindung von Gottheit und Menschheit, wie ist das Verhältnis des göttlichen Logos zum Menschen Jesus von Nazaret zu denken? Um diese Frage ging es bei den nächsten ökumenischen Konzilien.

### Darf man Maria „Gottesmutter" nennen? Ein politischer Streit entbrennt

Als Nestorius, der Patriarch von Antiochia, im Jahr 428 auf Geheiß des Kaisers auf den Bischofsstuhl von Konstantinopel wechseln musste, stellte er entsetzt fest, dass man in der Hauptstadt Maria „Gottesmutter" (*theotokos*, wörtlich „Gottesgebärerin") nannte. So als sei Christus nur ein Gott und nicht auch ein Mensch gewesen. Man solle sie doch, forderte er, besser „Christusgebärerin" nennen, weil der Name Christus beides umfasst, das Gottsein und das Menschsein.

Dieser Vorschlag sorgte für einen Skandal. Den überaus beliebten Marientitel wollte man nicht aufgeben. Nun mischte sich auch Kyrill, der Patriarch von Alexandria ein, und warf Nestorius Häresie vor.

Man kann die Heftigkeit, mit der fortan der Streit geführt wurde, nur verstehen, wenn man sich die kirchenpolitischen und theologischen Differenzen vor Augen führt. Schon seit Langem versuchten die Patriarchen von Alexandria und Antiochia auf die Kirche der Reichshauptstadt Einfluss zu nehmen. Nestorius kam zum Leidwesen Kyrills aus Antiochia, wo man auch in der Christologie einen anderen Akzent setzte als in Alexandria.

In Antiochia unterschied man stark zwischen dem Gottsein und dem Menschsein Christi. Man betonte, dass Jesus eine menschliche Seele hatte, die sich im Gehorsam dem göttlichen Logos öffnete. Die

## WAS IST EIN „ÖKUMENISCHES" KONZIL?

Ein ökumenisches Konzil ist eigentlich vom Wortsinn her eine Zusammenkunft (*synodos, concilium*) von Bischöfen, die von der gesamten bewohnten (*oikumene*) Erde kommen. Theologisch und kirchenrechtlich zählt dazu aber nicht jedes Konzil, das als ökumenisches geplant war. Entscheidend ist die Rezeption: Ökumenisch ist ein Konzil nur, wenn seine Beschlüsse von der gesamten Kirche als verbindlich anerkannt werden. Die Synode von Serdika (Sofia in Bulgarien) im Jahre 342/343 war zum Beispiel eigentlich von den Kaisern als ökumenisches Konzil gedacht. Doch die Parteien exkommunizierten sich gegenseitig. Auch die „Räubersynode" von Ephesus erhielt nie den Rang eines ökumenischen Konzils. Auf der anderen Seite war das Konzil von Konstantinopel 381 eigentlich nur eine Teilsynode des östlichen Reichsteils. Seine Beschlüsse, speziell das Bekenntnis, wurden dann aber später als ökumenisch anerkannt. (A. Merkt)

**DIE ORTE DER VIER ERSTEN ÖKUMENISCHEN KONZILE**

---

Unterscheidung ging teilweise so weit, dass man den Antiochenern vorwarf, eine Art Adoptianismus mit zwei „Christussen" zu lehren: auf der einen Seite der göttliche Logos, auf der anderen der vom Logos angenommene Mensch.

Die Tendenz der Alexandriner ging dabei ins gegenteilige Extrem. Sie betonten die Einheit so sehr, dass man kaum noch von einer menschlichen Natur Jesu sprechen konnte: Diese löste sich in Gott auf wie ein Tropfen Süßwasser im salzigen Meer. Diese Lehre von der einen „Natur" (*physis*) des fleischgewordenen göttlichen Logos nannte man später den „Monophysitismus".

### Das dritte Konzil: Ephesus 431
### Chaos um Maria

Zur Klärung des Streits lud Kaiser Theodosius II. im Jahre 431 zu einem Konzil nach Ephesus. Kyrill kam mit schlagkräftigen Truppen bewaffneter Mönche, die sogar die kaiserlichen Beamten einschüchterten. Er eröffnete – was Sache des Kaisers gewesen wäre – das Konzil, ohne die Ankunft der Antiochener und der römischen Delegation abzuwarten. Nestorius ließ er zum Häretiker erklären.

Die Antiochener hielten nun ihrerseits ein eigenes Konzil ab und setzten Kyrill ab. Der Kaiser erklärte daraufhin beide für abgesetzt. Doch Kyrill kümmerte sich nicht darum und kehrte als Patriarch nach Alexandria zurück, wo er sich vom Volk feiern ließ.

Die kirchliche Tradition hat später die Teilsynode Kyrills als rechtmäßiges Konzil anerkannt. Das liegt daran, dass die später eintreffenden römischen Delegaten dem Urteil der Synode zustimmten. Hinzu kam, dass der dürftige theologische Ertrag des Konzils später aufgebessert wurde. Das einzige theologische Ergebnis lautete ja: Maria darf weiterhin Gottesmutter genannt werden. Zwei Jahre später kam es auf Druck des Kaisers und des Papstes zu einer Einigung zwischen Kyrill und dem Patriarchen Johannes von Antiochia. Gemeinsam bekannten sie: Christus ist vollkommener Mensch und vollkommener Gott, *homousios* mit dem Vater und mit uns Menschen, unvermischt in den zwei Naturen. Johannes musste allerdings Nestorius wegen seines Beharrens auf dem Titel „Christusmutter" verurteilen.

In Ablehnung des Konzils von Ephesus bildete sich in Syrien eine nestorianische Sonderkirche, die sich dann auch nach Persien, Indien und China ausbreitete (vgl. Beitrag von Bärbel Dümler, S. 42–47). Anders als Nestorius, der heute in der katholischen Kirche wieder als rechtgläubig gilt, vertrat sie eine strenge Trennungschristologie – zwischen Gott-Christus und Mensch-Christus. Danach verbindet sich der Mensch Jesus nur dadurch mit dem göttlichen Logos, dass er ihn anbetet und ihm Gehorsam erweist.

### Zwischenspiel:
### Die Räubersynode von Ephesus 449

Gut zehn Jahre später verschärften sich die Fronten wieder. In Konstantinopel predigte der ortsansässige Abt Eutyches, unterstützt vom Patriarchen Dioskur von Alexandria, den Monophysitismus. Eine Synode unter dem Patriarchen Flavian von Konstantinopel verurteilte den Abt. Leo von Rom bestätigte das Urteil.

Eutyches erwirkte daraufhin beim Kaiser Theodosius II. die Einberufung eines ökumenischen Konzils. Den Vorsitz führte Dioskur von Alexandria. Wie sein Vorgänger Kyrill stützte er sich auf Kampftruppen. Den Gegnern wurde das Stimmrecht entzogen, Eutyches rehabilitiert und Flavian verurteilt. Leo sprach daraufhin von einer „Räubersynode". Zwei Jahre später wurden die Entscheidungen offiziell durch das vierte ökumenische Konzil aufgehoben.

### Das vierte Konzil: Chalkedon 451
### Blutige Auseinandersetzungen und Spaltungen

Nach dem Tod ihres Bruders Theodosius II. im Jahr 450 heiratete Pulcheria den General Markian und lud mit ihm zum Konzil nach Chalkedon, dem heutigen Kadiköy bei Konstantinopel. Das Konzil bestätigte die Lehren von Nizäa und Konstantinopel und formulierte ein Bekenntnis. In diesem sogenannten *Chalkedonense* werden die Extreme abgelehnt. Gegen die monophysitische Einheitschristologie heißt es: „*zwei Naturen unvermischt und unverwandelt*", und gegen die nestorianische Trennungschristologie: „*ungetrennt und ungeteilt*". Die göttliche und die menschliche Natur sind in der einen Person (Hypostase) Christi

## DIE CHRISTLICHEN ZENTREN UND IHRE HAUPTTHEOLOGEN

**Cordoba:** Ossius von Kordoba

**Rom:** Hippolyt von Rom, Kallist

**Konstantinopel:** Nestorius

**Kappadokien:** Gregor von Nyssa, Gregor von Nazianz, Basilius von Cäsarea

**Karthago:** Tertullian, Cyprian

Westrom : Ostrom

**Antiochia**

**Cäsarea:** Eusebius

**Alexandria:** Origenes (später Cäsarea), Arius, Athanasius, Kyrill

## WELCHES ÖKUMENISCHE KONZIL BESCHLIESST WAS UND WARUM?

| | Hauptfragen | Antworten |
|---|---|---|
| 1. Nizäa (325) | Ist der Sohn auch Gott? In welchem Verhältnis steht der Sohn zum Vater? | Beide sind gleichen Wesens (*homousios*), der Sohn ist aus Gott gezeugt, nicht geschaffen (gegen Arius) |
| 2. Konstantinopel (381) | Ist der Heilige Geist in gleicher Weise Gott wie Vater und Sohn? | Der Heilige Geist wird in identischer Weise angebetet wie Vater und Sohn, ist auch „Kyrios" |
| 3. Ephesus (431) | Ist Maria Gottesgebärerin oder nur Christusgebärerin? Wie ist die Verbindung von Gottheit und Menschheit in Jesus? | Maria ist Gottesgebärerin; Einigungsformel von 433: Christus ist „vollkommener Gott und vollkommener Mensch", gleichen Wesens mit dem Vater und mit den Menschen, zwei Naturen sind unvermischt eins in Christus (gegen Nestorius, der auf der Zweiheit von Mensch und Gott in Jesus bestand) |
| 4. Chalkedon (451) | Sind die zwei Naturen Jesu weitgehend vermischt (alexandrinische Schule, Monophysitismus) oder getrennt (antiochenische Schule, Nestorianismus)? | Jesus Christus hat zwei Naturen, unvermischt und unverwandelt (gegen alexandrinische Tendenz), ungetrennt und ungeteilt (gegen antiochenische Tendenz). Beide Naturen sind in einer göttlichen Person vereint |

**Das Konzil von Nizäa,** Verdammung des Arius (rechts) Fresco von Cesare Nebbia, 16. Jh., Vatikanische Bibliothek.

**Höllenfahrt Christi (Anastasis)**, Apsisfresko in der Seitenkapelle der Kariye-Camii (Chorakirche) Istanbul, enstanden 1320. Unten rechts stehen zwei der „kappadokischen Väter", Basilius und Gregor. Sie entwickelten im 4. Jh. das Fundament, auf dem die eine Lehre für die ganze Kirche auf dem Konzil von Konstantinopel (381) annehmbar wurde: Gott ist eins in drei Hypostasen. So konnte er durch die Inkarnation der 2. Hypostase als Mensch seine Schöpfung „betreten". Deshalb kann Christus Adam und Eva – im Bild oben – energisch aus ihren Gräbern ziehen und die Tore der Hölle zerbrechen.

vereint. Das nennt man „die hypostatische Union". In Ägypten, Syrien und Palästina hielten manche diese Formel für „nestorianisch". Es kam teilweise zu blutigen Auseinandersetzungen zwischen den Parteien mit dem Ergebnis einer bis heute andauernden Kirchenspaltung. Auf der einen Seite entstanden monophysitische Nationalkirchen wie die der Kopten in Ägypten und die der Jakobiten in Syrien. Sie wurden getragen von der angestammten einheimischen Bevölkerung und feierten ihre Liturgie in der Volkssprache. Die Anhänger des Chalkedonense rekrutierten sich dagegen meist aus den griechisch sprechenden Schichten. Weil sie sich am Bekenntnis des Kaisers (aramäisch *melek*) orientierten, nennt man sie „Melkiten" (vgl. Grafik S. 46).

### Die Konzilien zwischen Staat und Kirche

*Pontifex maximus* nannten sich die römischen Kaiser, und zwar auch noch die christlichen bis zum Ende des 4. Jh. Als oberster Brückenbauer zwischen den Menschen und den Göttern musste der Kaiser für die rechte Gottesverehrung sorgen, da-

> Vor allem die Patriarchen von Alexandria waren nicht nur Theologen, sondern auch skrupellose Machtpolitiker

mit die Götter (später dann der christliche Gott) dem römischen Staat wohlgesinnt waren. In diesem altrömischen Religionsdenken gründete auch das Engagement in kirchlichen Fragen. Alle vier Konzilien gingen auf die Initiative von Kaisern zurück. Manchmal führten sie – oder ihre Kommissare – auch den Vorsitz. Anschließend sorgten sie für die Durchsetzung der Beschlüsse.

Allerdings zeigt sich schon bei Konstantin eine markante Zurückhaltung. Eusebius schildert in der *Vita Constantini* die Eröffnung des Konzils von Nizäa: Als der Kaiser einzieht, stehen alle Bischöfe auf. Der Kaiser schreitet zum Thron, lehnt es aber ab, sich zu setzen, bevor die Bischöfe Platz genommen haben. Dieser Bruch mit dem Kaiserzeremoniell bringt zum Ausdruck, wie sich der Kaiser gegenüber den Bischöfen verstand: als „Mitdiener". So nennt er sich in einem Brief an Arius und Bischof Alexander.

Demgegenüber beanspruchte sein Sohn Konstantius II. in der Kirche die Entscheidungsgewalt. „*Was ich will, das soll zum Kirchengesetz werden*", soll er einmal gesagt haben. Auf ihn ging wohl der massivste politische Versuch zurück, auf theologische Entscheidungen Einfluss zu nehmen. Er wollte eine politische Konsensformel durchsetzen, auf die man sich doch, wie er meinte, einigen konnte. Dass der Sohn dem

DIE ERSTEN CHRISTLICHEN DOGMEN

Vater gemäß der Schrift ähnlich ist, daran durfte eigentlich auch ein strenger Nizäner keinen Anstoß nehmen. Diese Formel aber, die letztlich den Verzicht auf eine klare theologische Aussage bedeutete, setzte sich nicht durch. Viel erfolgreicher als der politische Druck war letztlich die gewissenhafte theologische Arbeit, wie sie vor allem von den Kappadokiern geleistet wurde. Sie schufen durch tiefe Reflexionen auf die heilige Schrift und die Liturgie einen breiten Konsens, der letztlich im Großen Glaubensbekenntnis Ausdruck gefunden hat.

Beim dritten und vierten ökumenischen Konzil übten die Kaiser dann noch stärkere Zurückhaltung. Allerdings stellt sich hier eine andere, wenn auch ähnliche Frage: Welchen Einfluss hatten die innerkirchlichen Machtkämpfe auf die theologischen Entscheidungen?

### Die Konzilien zwischen Kirchenpolitik und Theologie

In der Geschichte der ersten vier ökumenischen Konzilien sind politische Interessen und theologische Anliegen tatsächlich so sehr miteinander verwoben, dass man an einer Frage nicht vorbeikommt: Sind die Grundbekenntnisse der Christen nicht eher das Ergebnis politischer Kämpfe als das Resultat theologischer Vernunft?

Vor allem die Patriarchen von Alexandria, von Athanasius über Kyrill bis Dioskur, waren nicht nur Theologen, sondern auch zum Teil skrupellose Machtpolitiker. Allerdings muss man zu Athanasius feststellen: Sein Machtkampf war nicht erfolgreich. Zu Lebzeiten konnte er sich gerade *nicht* kirchenweit durchsetzen. Stattdessen bescherte seine theologische Position ihm mehrmals das Exil. Seine Lehre wurde nicht durch Machtpolitik, sondern letztlich durch gewissenhafte theologische Arbeit der Kappadokier bestätigt.

Auch Dioskur war nicht erfolgreich: Er wurde durch das Konzil von Chalkedon abgesetzt. Kyrill wurde sogar gezwungen, seine monophysitische Haltung zu revidieren. Obwohl er zuvor von der Vermischung der Naturen und der einen Natur des menschgewordenen Logos gesprochen hatte, unterschrieb er gemeinsam mit seinem Erzfeind Johannes von Antiochia eine Konsensformel, in der er sich zur unvermischten Einheit der zwei Naturen bekannte – ein Akt von höchster ökumenischer Bedeutung.

Die Positionen, die auf den Konzilien formuliert wurden, hätten sich wohl nie durchsetzen können, wenn die Gläubigen sie nicht in der Liturgie, ihrer alltäglichen Frömmigkeit und der Heiligen Schrift bestätigt gefunden hätten. Überhaupt konnten diese Lehren, so meinten die maßgeblichen Theologen, nur im religiösen Leben der Gemeinden wirklich verstanden werden. Gregor von Nyssa kritisiert deshalb, dass die „Arianer" ihre Lehren außerhalb des kirchlichen Raumes auf den Marktplätzen und in den Badehäusern diskutierten: *„Wenn du ein Brot willst, antwortet der andere: ‚Der Vater ist größer und der Sohn untergeordnet.' Wenn du sagst: ‚Das Bad ist fertig', erklärt der andere, dass der Sohn aus dem Nichts sei."*

Sein Freund Gregor von Nazianz zählt die Trinität zu den Wahrheiten, von denen in Joh 16,12 die Rede ist: solche, die am Anfang noch nicht ertragen werden können und deshalb nur stufenweise offenbar werden. Deshalb gehören sie auch, meint Basilius, nicht in die öffentliche Verkündigung in den Gemeinden. In der Tat wurde das Glaubensbekenntnis den Katechumenen erst eine Woche vor der Taufe übergeben. Dahinter steht die Überzeugung, dass sein Verständnis eine längere Zeit der spirituellen Reifung durch Fasten und Beten voraussetzt. ■

**Prof. Dr. Andreas Merkt** ist Professor für Historische Theologie, Alte Kirchengeschichte und Patrologie an der Universität Regensburg

---

## WAS AUF DEN KONZILIEN NOCH ENTSCHIEDEN WURDE

Neben den theologischen Entscheidungen, die in der Regel in Form von Bekenntnissen und Verurteilungen formuliert wurden, regelten die Konzilien in sogenannten *Canones* auch kirchenrechtliche und liturgische Fragen.

Das größte Problemfeld bildete offenbar der Klerus. Das Konzil von Nizäa schloss verschiedene Gruppen vom Klerus aus: Leute, die sich selbst kastriert hatten (can. 1), Neugetaufte (can. 2), in der Verfolgung Abgefallene (can. 10) und Geldhändler (can. 17). Es verlangte eine Eignungsprüfung (can. 9) und verbot das Zusammenleben mit einer Frau, die weder Gattin, Schwester oder Tante war (can. 3). Das Konzil von Chalkedon untersagte den Klerikern Geldgeschäfte (can. 3) und weltliche Ämter (can. 7). Von besonderer Bedeutung waren auch die Beschlüsse über die Kirchenstruktur. Das System von Bischöfen, Metropoliten und Patriarchen wurde bestätigt und weiterentwickelt. Nizäa (und auch Chalkedon) band die Kleriker an ihren Bischof und untersagte den Wechsel in eine andere Diözese (can. 16 und 17). Das Konzil von Konstantinopel verbot die Einmischung von Bischöfen in andere Jurisdiktionsbereiche (can. 2), das von Chalkedon unterstellte auch die Mönche dem Bischof (can. 4 und 8).

Das Konzil von Nizäa schrieb auch vor, dass der Metropolit, also der Bischof der Mutterkirche (griechisch *meter* – Mutter), zweimal im Jahr die Bischöfe seiner Provinz zu Synoden zusammenrufen sollte (can. 5). Eine Bischofsweihe sollte nur mit seiner Zustimmung gültig sein (can. 4). Außerdem bestätigte Nizäa im can. 6 die alten Vorrechte von Rom, Alexandria und Antiochia. Ab dem 6. Jh. nannte man deren Bischöfe dann Patriarchen. Jerusalem erhielt einen Ehrenvorrang ohne jurisdiktionelle Bedeutung (can. 7). Damit war das System der Patriarchate grundgelegt, also jener Jurisdiktionseinheiten, die mehrere Provinzen (Metropolien) umfassten. Konstantinopel 381 schrieb dann dem Bischof der neuen Reichshauptstadt einen Ehrenvorrang nach dem Bischof von Rom zu (can. 3). Dieser Kanon wurde allerdings von Rom nicht anerkannt. Das gilt auch für den can. 28 von Chalkedon, der dem Bischof des „Neuen Rom" (Konstantinopel) ein Vorrecht einräumte. Daneben erhob Chalkedon auch Jerusalem, das inzwischen ein bedeutsames Pilgerzentrum mit weltweiter Ausstrahlung geworden war, zum Patriarchat. Dieses System der fünf Patriarchate nennt man in den Ostkirchen die *Pentarchie* (Fünferherrschaft). *(A. Merkt)*

Die orientalischen Kirchen und die Konzilien

# Nicht nur dogmatische Unterschiede trennen die Kirchen

**Norawank,** das Kloster in der Amaghu-Schlucht in Armenien, gegründet im 13. Jh. und UNESCO-Welterbe. Die armenischen Christen konnten am Konzil von Chalkedon 451 gar nicht teilnehmen – sie standen im Krieg um den Erhalt des Christentums an sich. In Distanz zur Reichskirche traten sie endgültig im 6. Jh.

Die Konzilien von Nizäa 325 und Konstantinopel 381 spalten die Christen nur vorübergehend. Die Einheit des Christentums zerbricht jedoch langfristig an den Streitigkeiten zwischen sogenannten „Nestorianern", „Monophysiten" und Chalkedonensern, und die altorientalischen Kirchen trennen sich als „Nationalkirchen" von der Reichskirche. Wie stellten sich die Konzilien aus der Perspektive dieser Kirchen dar?

**Von Bärbel Dümler**

Als im 4. und 5. Jh. die ersten allgemeinen, deshalb ökumenisch genannten Konzilien stattfanden, lebten längst nicht alle Christen auf dem Boden des Römischen Reichs. Und auch in jenen Regionen des Orients, die Teil des Römischen Reichs waren, gab es eine ethnische und kulturelle Vielfalt, in der – neben den je unterschiedlichen politischen Situationen – mit ein Grund dafür zu suchen sein dürfte, dass man sich auf den großen Konzilien nicht in allen Punkten einig werden konnte und in der Folge voneinander trennte. Die Kirchen von „Babylon" im antiken Persien, Alexandria in Ägypten, Antiochia in Syrien, Aksum in Äthiopien, Etschmiadsin in Armenien und Mzcheta in Georgien organisierten sich neu und unabhängig von der Reichskirche zu sogenannten Nationalkirchen.

### Die persischen Christen und ihre „Kirche des Ostens"

Unter den parthischen Arsakiden scheint das Christentum sich vom syrischen Edessa aus in Persien zunächst ungehindert entfaltet haben zu können. Die nach ihrer Sprache sogenannten ost-syrischen Christen berufen sich auf eine Missionierung durch die Apostel Thomas und Addai (Thaddäus). Um das Jahr 100 soll einer ihrer Schüler namens Mari in die Hauptstadt Seleukia-Ktesiphon gekommen sein; schon hundert Jahre später gab es christliche Gemeinden in nahezu allen Regionen des Persischen Reichs. Mit der Ablösung der Parther durch die Sassaniden (226) und der Installation des Zoroastrismus als Staatsreligion (286) kommen die Christen jedoch unter Druck. Unter den Verdacht latenter Kollaboration mit dem ‚Erzfeind' gerieten die persischen Christen überdies, nachdem Konstantin der Große sich in einem Brief an Großkönig Schapur II., so berichtet Eusebius von Cäsarea, zum Schutzherrn auch der Christen jenseits der Reichsgrenzen erklärt hatte. Auf der Synode von Maipherkat (410) wurde daher erstmals ein Katholikos-Patriarch als eigenes Kirchenoberhaupt eingesetzt; von den beiden ersten ökumenischen Konzilien (Nizäa 325 und Konstantinopel 381) übernahmen die Bischöfe im Perserreich zwar das trinitarische Bekenntnis, nicht aber die Formulierungen. Hier zeigen sich die Schwierigkeiten der Vermittlung zwischen theologisch gewollter Einheit mit den christlichen Brüdern im Römischen Reich und einer politisch opportunen Distanzierung vom ‚Feind'. Waren die beiden Konzilien doch von zwei römischen Kaisern einberufen worden, deren einer, Konstantin, sich als Schutzherr der Christen auch im Perserreich gerierte, während der andere, Theodosius, das Christentum zur Staatsreligion seines Reiches erhob. Als religiöse Minderheit jenseits der Grenzen des Römischen Reichs schloss sich die persische Kirche schließlich auf der Synode von Seleukia-Ktesiphon 486 verbindlich der strengen *dyophysitischen* Christologie an, die, hervorgegangen aus der antiochenischen Zwei-Naturen-Lehre, an der berühmten theologischen Schule im syrischen Edessa und nach deren Schließung 489 an der theologischen Schule im persischen Nisibis gepflegt wurde. Sie setzte sich damit nun bewusst auch theologisch gegenüber ‚dem Westen' und den Konzilsbeschlüssen von Ephesus (431) und Chalkedon (451) ab. Den Sassaniden gegenüber demonstrierte sie auf diese Weise auch politisch ihre Unabhängigkeit (*Autokephalie*). Von den theologischen Gegnern im Westen wurden nun auch die persischen Christen diffamierend als „Nestorianer" bezeichnet.

Im Mittelalter eine Weltkirche mit Diözesen bis hin nach China, schrumpft ihr Verbreitungsgebiet in der Neuzeit auf die Gebirgsregion im äußersten Südosten der heutigen Türkei (Hakkari) und im benachbarten Irak zusammen. Die Bischöfe und Priester der sich nun selbst **„Heilige apostolische und katholische assyrische Kirche des Ostens"** nennenden Kirche ähnelten in ihrem Erscheinungsbild und ihrer gesellschaftlichen Stellung so sehr kurdischen Clan-Chefs, dass man sie zeitweilig als „Bergnestorianer" bezeichnete. Heute droht die Auslöschung der Kirche des Ostens in ihrem mesopotamischen Ursprungsland aufgrund von Übergriffen und Attentaten radikalislamischer Terroristen, unter denen alle christlichen Konfessionen im heutigen Irak zu leiden haben.

Schon früh gab es Kontakte der persischen Kirche zu den Thomas-Christen an der Malabar-Küste (Indien), deren historische Ursprünge im Dunkeln liegen, die sich aber wie die Ost-Syrer auf den Apostel Thomas berufen. Spätestens seit dem 8. Jh. gehören sie als weitgehend autonome Provinz unter einem eigenen „Archidiakon von Indien" zur Kirche des Ostens. In der Berührung mit römisch-katholischen Missionaren im 16. Jh. und unter deren Latinisierungsdruck kam es hier zu vielfältigen Kirchenspaltungen mit der Folge, dass die Kirche des Ostens in Indien für drei Jahrhunderte völlig unterging. Die meisten Bischöfe waren eher bereit, sich ihren bisher schärfsten theologischen Gegnern anzuschließen (d. h., „Nestorianer" wurden zu „Monophysiten"), um ihre orientalische Prägung, insbesondere in der syrisch-sprachigen Liturgie, zu bewahren, als sich latinisieren zu lassen. Erst zu Beginn des 20. Jh. spaltete sich ein Zweig der katholischen Syro-malabarischen Kirche wieder ab und bildet seitdem die kleine neu-nestorianische Melusianische Kirche in Indien.

### Die West-Syrer und die Patriarchate von Antiochien

Im Westen des syrisch-aramäischen Kulturraums bildete die Stadt Edessa (heute: Şanlı Urfa, Südosttürkei) den Gegenpol zur

**Im Tur Abdin:** Der syrisch-orthodoxe Bischof von Adıyaman, Mor Gregorios Melke Ürek, auf der Terrasse des Klosters Deir al-Zafaran nahe Mardin in der Bergregion des Tur Abdin. Das Grenzgebiet in der Südosttürkei ist eine Enklave west-syrischer (syrisch-orthodoxer) Dörfer.

hellenistisch geprägten, griechisch-sprachigen Metropole Antiochia, dem heutigen türkischen Antakya. Im Hinterland sprach man einen west-syrischen Dialekt, in dem die syrisch-orthodoxen Christen bis heute ihre Liturgie feiern. Sprachlich wie theologisch stark von den Bildern geistlicher Dichtung, etwa Ephräms des

> Die heftigsten Verteidiger Mariens als Gottesgebärerin kamen aus Ägypten, das dürfte kein Zufall gewesen sein

Syrers (geb. 306 in Nisibis, gest. 373 in Edessa) geprägt, waren dem syrischen Christentum Terminologien der griechischen Philosophie, die die dogmatischen Auseinandersetzungen in der Alten Kirche bestimmten, ursprünglich fremd. In den dogmatischen Auseinandersetzungen, die das Konzil von Chalkedon (451) zu beenden beabsichtigte, waren sich die Patriarchen und Bischöfe der Kirchenprovinz Antiochia daher uneinig. Manche neigten der chalkedonensischen Christologie zu, andere dem aus Ägypten kommenden sogenannten „Monophysitismus". Nach dem Konzil von kirchlicher wie staatlicher Seite verfolgt, flohen große Teile der syrischen „Monophysiten" aus dem Römischen Reich in das benachbarte Persien, sodass auch dort, wo ihre ethnischen Verwandten, aber theologisch eigentlich größten Gegner, die streng dyophysitischen „Nestorianer" besonders stark waren, nun auch „monophysitische" Gemeinden entstanden.

Im Römischen Reich wurde 542/3 Jakob Baradai (gest. 578), der dem der griechischen Kultur gegenüber besonders skeptischen syrischen Mönchtum angehörte, mit Unterstützung der Kaiserin Theodora zum Bischof geweiht; ihm gelang es, eine reichskirchlich unabhängige „monophysitische" Hierarchie mit einem eigenen Patriarchen von Antiochia zu etablieren. Obwohl nicht ihr Gründer, wird die west-syrische Kirche gelegentlich nach ihm auch „jakobitische Kirche" genannt. Während die muslimische Eroberung die West-Syrer zunächst vom Druck der Verfolgung durch die Reichskirche befreite, schrumpfte im Mittelalter das Kernland der ganz vom Mönchtum geprägten Kirche auf den Tur Abdin, den „Berg der Knechte (Gottes)" in der heutigen Südost-Türkei zusammen. Die Selbstbezeichnung der gelegentlich auch aramäisch genannten Kirche ist heute **„Syrisch-orthodoxe Kirche von Antiochien"**; ihr Patriarch residiert in Damaskus.

Den Titel „Patriarch von Antiochien" beansprucht neben dem west-syrischen Patriarchen selbstverständlich auch der Patriarch der bis heute existierenden ‚gegnerischen' chalkedonensischen, auch melkitisch („kaisertreu") genannten, byzantinisch-orthodoxen Kirche. Sie nennt sich unter Einfluss des Arabischen heute **„Rum-orthodoxe Kirche von Antiochia und dem ganzen Orient"**. Beide Patriarchen von Antiochia verstehen sich als Nachfolger Petri und sind damit, je nach Perspektive, ‚Kollegen' oder ‚Konkurrenten' des Bischofs von Rom.

### Die koptischen Christen, kämpferische ‚Nachfahren der Pharaonen'

Als im 5. Jh. der Bischof von Konstantinopel Nestorius (381 bis ca. 451) die Debatte um den *theotokos*-Titel Mariens („Gottesgebärerin"), auslöste und diesen – auf dem Hintergrund der antiochenischen Zwei-Naturen-Lehre – durch den Titel *christotokos*, „Christusgebärerin", ersetzen wollte, war es nicht zufällig der Patriarch von Alexandrien Kyrill (375/80–444), der Nestorius konterte. Alexandria, nach Antiochia die drittgrößte Metropole des Römischen Reiches, fürchtete um seine kirchenpolitische Position. Der Streit zwischen dem ‚Antiochener' Nestorius und dem ‚Alexandriner' Kyrill war also von Anfang an auch ein politischer, der zunächst aufgrund verschiedener unglücklicher Begleitumstände und der Raffinesse des Kyrill theologisch auf dem Konzil von Ephesus (431) mit der Verurteilung der Position des Nestorius als Häresie beendet wurde. In der Folge entwickelten sich extreme, monophysitische Varianten der Theologie des Kyrill, die schließlich auf dem Konzil von Chalkedon (451) ihrerseits als Häresie verurteilt wurden. Nebenbei bemerkt: Die kirchenpolitische Befürchtung Alexandriens wurde tatsächlich Realität, als in Kanon 28 des Chalkedonense *Konstantinopel* zum Patriarchat mit Primat über Antiochia und Alexandria erhoben wurde.

Auch dass die heftigsten Verteidiger Mariens als Gottesgebärerin gerade aus Ägypten kamen, dürfte kein Zufall gewesen sein. Der Terminus *theotokos* war ein seit langer Zeit in Ägypten gebräuchlicher Titel Mariens (*christotokos* war dagegen eine Wortschöpfung des Nestorius). Der ägyptischen Kultur war eine jungfräuliche Gottesmutter nicht fremd. Maria erleichterte den Ägyptern gewissermaßen ihren Abschied von der jungfräulichen Muttergöttin Isis, die nach einer Vorankündigung durch einen Engel ihren Sohn Horus ‚unterwegs' in einer Höhle geboren haben soll. Die Ablösung der Isis durch Maria lässt die Übertragung von Gebetsformeln, vor allem aber zahlreicher Isis-Attribute und -Gesten (wie etwa Halbmond, blaues Gewand, stillende Mutter) auf Maria in der christlichen Kunst erkennen. Mit Isis als Mondgöttin wird überdies Artemis seit der Kaiserzeit gleichgesetzt. Und so darf ebenfalls nicht als Zufall betrachtet werden, dass das Konzil von Ephesus den *theotokos*-Titel Mariens gerade an einem Ort bestätigte, der *das* Kultzentrum einer Verschmelzung der jungfräulichen griechischen Artemis mit der anatolischen Muttergottheit Kybele in der Artemis Ephesia gewesen war.

Die Ägypter waren – da ihr Land nach Mt 2,13-23 als Fluchtziel der Heiligen Familie galt und ihre Kirche der Legende nach schon durch den Evangelisten Markus gegründet worden war – seit jeher mit einem gewissen Selbstbewusstsein ausgestattet. Als um 180 nC eine ägyptische Kirche historisch greifbar wird, verweist sie mit ihrer ausgeprägten Struktur darauf, dass sie bereits auf eine längere Geschichte zurückblicken kann. Natürlich gab es auch in Ägypten ähnlich wie in Syrien zwei Antipoden: die hellenisierte Metropole Alexandria und das weiterhin von koptischer Sprache und Kultur geprägte Hinterland. Die Patriarchen von Alexandrien waren seit frühester Zeit an den theologischen Auseinandersetzungen im Römischen Reich als führende Köpfe beteiligt (man erinnere sich etwa an den Einsatz eines Athanasius gegen den Arianismus). Es verwundert daher nicht, dass der Nachfolger des Kyrill, Dioskur (444–454), die Stirn hatte, die Beschlüsse von Chalkedon für Ägypten abzulehnen. Alexandrien wird zum Zentrum des anti-chalkedonensischen Widerstandes. So entwickeln sich auch in Ägypten, zunächst noch alternierend, zwei Hierarchien, bis durch Einsetzung eines griechischen Patriarchen (537) durch Kaiser Justinian zwei Patriarchate von Alexandria mit einem „Papst von Alexandrien und Patriarchen des Stuhls des heiligen Markus" parallel existieren: das der sogenannten *mono*physitischen, sich selbst als *mia*physitisch verstehenden und sich nun **„Koptisch-orthodoxe Kirche von Alexandrien"** nennenden Kirche und das der chalkedonensischen, griechisch-orthodoxen Kirche „von Alexandrien und ganz Afrika".

Ägypten gilt als Wiege des christlichen Mönchtums. Neben großen Gestalten etwa eines Antonius (gest. 356) und Pachomius (gest. 346) machen auch die ‚prügelnden Mönchshorden' von sich reden, die Dioskur auf die sogenannte Räubersynode (449) nach Ephesus begleiten. Sie entstammen einer Kultur, die im Hinterland neben dem Griechischen der Metropole weiterhin die koptische Sprache, die jüngste Entwicklungsstufe des Ägyptischen, pflegt; sie löste als Volks- und Umgangssprache das Demotische, die vorhergehende Literatursprache, ab, entwickelte sich dann aber im Mönchtum ihrerseits zur Literatursprache. Die koptischen Christen betrachten sich heute nicht zuletzt wegen des Erhalts des Koptischen in ihrer Liturgie als die Ureinwohner Ägyptens und Nachfahren der Pharaonen.

## Frühes Christentum auch in Äthiopien

In der ersten Hälfte des 4. Jh. wird auch in Äthiopien das Christentum unter König Ezana von Aksum Staatsreligion; bewirkt wurde die Bekehrung des Königs durch die Brüder Frumentius und Aidesios, Schiffbrüchige aus Tyros (Syrien). Nach der Tradition wurde Frumentios von Athanasius daraufhin zum ersten Bischof Äthiopiens geweiht; insofern betrachtet sich die koptische Kirche bis heute als die Mutterkirche der Äthiopier. Um 480 kommt es zur Einwanderung der sogenannten „9 syrischen Heiligen", monophysitische Flüchtlinge aus dem Gebiet der byzantinischen Reichskirche. Als vermutlich aus Syrien oder Ägypten vertriebene Mönche bringen sie das Mönchtum und den Monophysitismus mit. Bis in die 50er-Jahre des 20. Jh. war die **„Äthiopisch-orthodoxe Tewahedo** (d. h. miaphysitische Einheits-)**Kirche"** tatsächlich Teil der koptischen Kirche. Der Patriarch von Alexandrien ernannte einen Kopten, der in der Regel keine äthiopische Sprache beherrschte, zum äthiopischen Metropoliten; daneben gab es bis 1929 keine weiteren äthiopischen Bischöfe. Der Widerstand gegen diese Fremdbestimmung führte erst 1951 dazu, dass erstmals ein Äthiopier zum Metropoliten konsekriert und 1959 dann zum Patriarchen und Katholikos von Aksum erhoben und die äthiopische Kirche autokephal wurde. Nachdem sich Eritrea 1993 von Äthiopien abgespalten und für unabhängig erklärt hatte, wurde auch die **„Eritreisch-orthodoxe Tewahedo-Kirche"** 1998 unter einem eigenen Patriarchen in Asmara in die Autokephalie entlassen.

---

**Monophysiten und Miaphysiten**

Korrekterweise muss man die Nachfolgekirchen der alexandrinischen Schule Miaphysiten nennen, so auch die Selbstbezeichnung; von *mia physis* = „eine"/ eine Einheit bildende Doppelnatur; *mono physis* = „einzig"/ eine einzige Natur. Diese Extremposition vertreten die sogenannten „Monophysiten" aber gar nicht. Auch den Miaphysiten gilt Christus als Gott und Mensch, doch soll *mia physis*, „eine Natur", die Untrennbarkeit der Doppelnatur ausdrücken.

---

**Nestorianismus**

Die Konfessionskunde vermeidet den Begriff heute, da sich die assyrische Kirche nicht mehr so nennt. Theologisch beruft man sich vielmehr auf die Vordenker des Nestorius Diodor von Tarsus und Theodor von Mopsuestia. „Nestorianismus" ist eher ein konstruierter Vorwurf der Miaphysiten.

Die Begriffe „Monophysiten" und „Nestorianer" sind verkürzende, doch mitunter hilfreiche Vereinfachungen.

## Uneinige christliche Insel im Kaukasus: Armenien und Georgien

Wie der Name es verrät, führt auch die „**Armenisch-apostolische Kirche**" ihren Ursprung auf apostolische Mission, nämlich durch Bartholomäus im Norden und Thaddäus im Süden, zurück. Tatsächlich dürfte das Christentum schon Ende des 1. Jh. aus Edessa nach Armenien eingesickert sein; syrische Einflüsse sind in Liturgie, Literatur und Architektur deutlich zu erkennen. Die Frühphase der Christianisierung bleibt aber weitgehend im Dunkeln bis zur Installation des Christentums als Staatsreligion durch den armenischen König Trdat, nach armenischer Tradition im Jahr 301, nach weitgehender *Communis opinio* der Wissenschaft um das Jahr 315. Die armenische Kirche ist daher nach der Kirche des Stadtstaates Edessa die zweite Staatskirche der Welt und damit die älteste, die bis heute überlebt hat. Angesichts einer Christenverfolgung im Osten des Römischen Reiches noch im Jahr 313 unter Licinius muss der Akt als mutiger Schritt des armenischen Königs, der als Klientelkönig von Rom abhängig war, betrachtet werden. Es handelt sich um einen staatsmännischen Schachzug des dem parthischen Arsakiden-Haus entstammenden Trdat gegenüber den persischen Sassaniden und der mit ihnen sympathisierenden Opposition im Land. Trdat und sein Königshaus werden von Grigor Lusaworitsch („dem Erleuchter") getauft, dem ersten Katholikos des Landes, der noch in Cäsarea in Kappadokien geweiht wird. Damit kommt nun zum syrischen Einfluss auf das armenische Christentum ein starker griechischer Einfluss.

387 wird Armenien zwischen den Sassaniden und den Römern aufgeteilt; die Sassaniden verbieten den Einsatz des Griechischen in ihren Landesteilen, was zur Verschmelzung des christlichen Bekenntnisses der Armenier mit einem nationalen Bewusstsein führt: Gegen eine Reetablierung des Zoroastrismus in Armenien oder eine Vereinnahmung durch die persische Kirche wehrt man sich durch die Entwicklung eines armenischen Alphabetes zum Zweck der Übersetzung biblischer, liturgischer und theologischer Texte ins Armenische: aus der griechischen Sprache, die man nicht mehr benutzen darf, und aus der syrischen, die man nicht mehr benutzen will.

Auf dem Konzil von Nizäa war noch ein armenischer Bischof anwesend und die Beschlüsse der Konzilien von Konstantinopel und Ephesus werden übernommen. Am Konzil von Chalkedon aber kann die armenische Kirche aufgrund der politischen Lage nicht teilnehmen: Die Armenier befinden sich im Krieg mit dem persischen Großkönig Jazdegird II., der in Armenien das Christentum, die Religion des römischen ‚Erzfeindes', endgültig vernichten will. Von den Römern in fast 30 Jahren

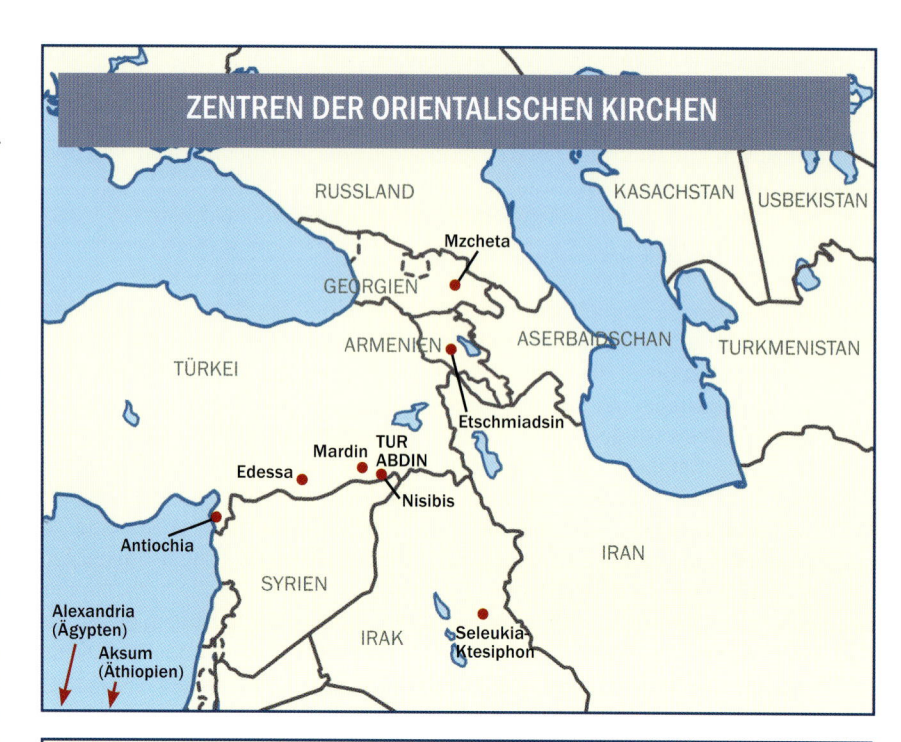

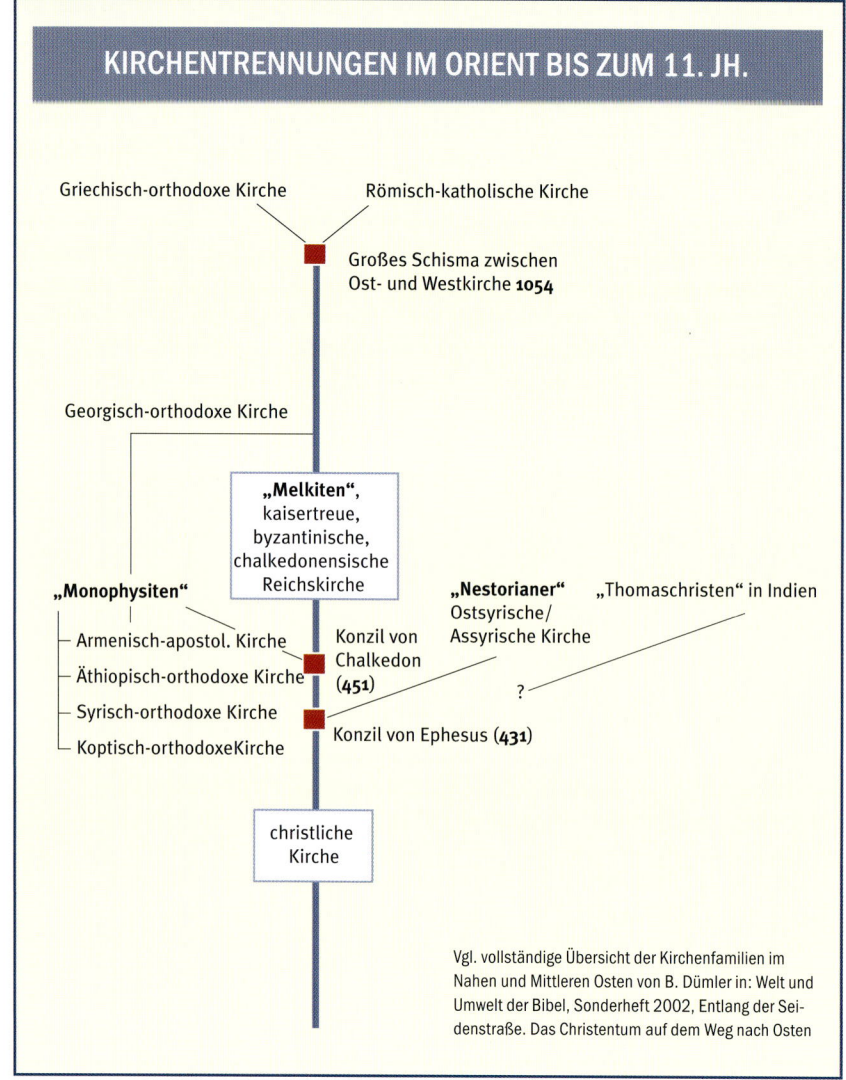

Krieg alleingelassen, muss den Armeniern der theologische Streit der ‚Griechen' mit den übrigen Orientalen als schlichtweg unwesentlich erschienen sein. Im Jahr 451, dem Termin auch des Konzils von Chalkedon, verteidigen sie in der Schlacht von Awarajr das Christentum an sich.

Als die Verhältnisse im 6. Jh. Synoden wieder zulassen, wird auf der ersten Synode von Dwin 505/6 zunächst der Vermittlungsversuch des sogenannten Henotikons (Einigungsschreiben) Kaiser Zenons angenommen, auf der zweiten Synode von Dwin 554/5 verwerfen die Armenier jedoch die Beschlüsse des Chalkedonense. Dafür lassen sich zwei sehr unterschiedliche Gründe benennen: Zum einen waren ihnen die tatsächlichen Entscheide des Konzils von Chalkedon unbekannt, da sie nur von den West-Syrern, also Gegnern des Chalkedonense, über dessen Inhalte informiert wurden. Zum anderen fühlte man sich im 6. Jh. von der zunehmend hegemonial-aufdringlichen Politik Kaiser Justinians (527–565) bedroht und fürchtete mit dem Einfluss des Patriarchats von Konstantinopel auch einen religiösen Identitätsverlust. So wurde das spezifische armenische Christentum, das aufgrund der Ablehnung der Beschlüsse von Chalkedon nach außen hin als „monophysitisch" erschien, zu einem einigenden Band, das die Armenier auch in den folgenden langen Jahrhunderten unter unterschiedlichster Fremdherrschaft als Nation auch ohne eigenen Staat zusammenhielt. Heute führen aufgrund der bewegten Geschichte der Armenier ein „Oberster Patriarch und Katholikos aller Armenier" in Etschmiadsin und ein hierarchisch untergeordneter „Katholikos des Hauses von Kilikien" mit Sitz in Antelias (Libanon), ein Patriarch von Jerusalem sowie ein Patriarch von Konstantinopel die Armenisch-apostolische Kirche.

Die **„Georgische orthodox-apostolische Kirche"** führt das Christentum im westlichen Georgien (Kolchis) auf den Apostel Andreas zurück, im östlichen Georgien (Iberien) auf die Apostel Simon Zelotes und Matthias. Die Jungfrau Nino bekehrt nach der Legende in der ersten Hälfte des 4. Jh. dann das georgische Königshaus in Mzcheta, woraufhin das Christentum von König Mirian zur Staatsreligion erhoben wird. Tatsächlich dürfte West-Georgien jedoch unter griechischem Einfluss von Kleinasien her missioniert worden sein, Ost-Georgien unter syrischem und armenischem Einfluss von Armenien her.

Seit dem 5. Jh. gab es einen Katholikos-Erzbischof der nun autokephalen ost-georgischen Kirche in Mzcheta. Auf der ersten Synode von Dwin nahmen die Ost-Georgier zusammen mit den Armeniern das Henotikon des Kaisers Zenon an, vermutlich folgte man zunächst auch der armenischen Verwerfung des Chalkedonense. Um 600 trennten sich die Ost-Georgier jedoch, wohl aus politischen Gründen, von den Armeniern, wiesen damit auch den „Monophysitismus" zurück und übernahmen das Chalkedonense. Nachdem sich West- und Ost-Georgien im 11. Jh. zu einem geeinten Königreich zusammenschließen, entziehen sie sich endgültig den unterschiedlichen (griechischen bzw. syrischen) Einflüssen der Patriarchate von Konstantinopel und Antiochien und es entsteht eine gemeinsame autokephale georgisch-orthodoxe Kirche mit Sitz des Katholikos-Patriarchen in Mzcheta.

Doch schon Ende des 14. Jh. wird West-Georgien politisch und kirchlich wieder selbstständig, 1815 kommt es zur Angliederung an Russland. In Ost-Georgien hoben die Russen 1811 das Katholikat auf und errichteten ein Exarchat der russischen Kirche; das Georgische wurde als Kirchensprache abgeschafft und durch das Slawische ersetzt. 1917 wurde das georgische Katholikat jedoch wieder eingerichtet, 1990 die Autokephalie der georgisch-orthodoxen Kirche unter einem „Katholikos-Patriarchen von ganz Georgien" mit Sitz in Tbilisi durch das Ökumenische Patriarchat von Konstantinopel bestätigt.

### Ausblick: Die orientalischen Kirchen in der Ökumene

Obwohl die zahlreichen Unionen mit der katholischen Kirche und die protestantischen Abspaltungen des 19. Jh. hier völlig vernachlässigt wurden, dürfte klar sein, dass die orientalischen Kirchen in den Ländern des Nahen Ostens an ökumenischen Gesprächen kaum vorbeikommen – angesichts ihrer Vielfalt auf der einen und ihres Minderheitenstatus in den muslimischen Ländern auf der anderen Seite. Das könnte erklären, warum gerade die orientalischen Kirchen auch in der weltweiten Ökumene überaus engagiert sind. Alle orientalischen Kirchen (mit Ausnahme der georgisch-orthodoxen Kirche, die sich in den letzten Jahren zurückgezogen hat) pflegen als Mitglieder im Ökumenischen Rat der Kirchen und/oder in regionalen Kirchenräten, etwa dem *Middle East Council of Churches* einen multilateralen Dialog. Untereinander kommuniziert man in alle Richtungen, meist jedoch in bilateralen Gesprächen. Der Dialog mit den reformatorischen Kirchen ist eher gering. Gänzlich *ausgeschlossen* wird – erst seit den 90er-Jahren – von Seiten der miaphysitischen Kirchen unter Federführung der koptischen Kirche ein Gespräch mit den „Nestorianern"; im *Middle East Council of Churches* ist die assyrische Kirche deshalb nicht vertreten.

In inoffiziellen wie offiziellen Gesprächen nähert man sich immer mehr der Position, dass der dogmatische Dissens weitgehend Folge unterschiedlicher Sprachgepflogenheiten war; dogmatisch ist man vielfach auf dem Weg bilateraler Einigung. Es gibt zahlreiche „Gemeinsame Erklärungen" sowohl auf pastoralem wie dogmatischem Gebiet. Probleme bereiten heute überwiegend noch kirchenrechtliche Fragen.

Aus der Ökumene schert in den letzten Jahren bedauerlicherweise komplett die überaus nationalistische georgisch-orthodoxe Kirche aus und nimmt nahezu alle bereits getroffenen ökumenischen Absprachen wieder zurück, worunter die religiösen Minderheiten in Georgien mit steter Regelmäßigkeit in Form heftigster Beschimpfungen, Diskriminierungen und auch juristischer Ungleichbehandlungen zu leiden haben. Selbst Touristen „aus dem verdorbenen Westen" bekommen dies gelegentlich in Form verächtlicher Blicke und Bemerkungen und sogar des Verweises aus Kirchengebäuden zu spüren. Das kaukasische Sprichwort, nach dem der Gast ‚ein Geschenk Gottes' ist, wird in kirchlichen Kreisen leider nicht mehr überall in Georgien beherzigt. ∎

**Dr. Bärbel Dümler** ist Wissenschaftliche Mitarbeiterin am Asien-Orient-Institut, Abteilung Orient- und Islamwissenschaft der Universität Tübingen. Ihre Schwerpunkte: ethnische und religiöse Minderheiten des Nahen Ostens sowie Geschichte und Landeskunde Kleinasiens und Subkaukasiens.

Polemische Jesusbilder in jüdischen Quellen

# Ein Bastard und Verführer

Die Vorstellung, Gott bringe einen Sohn aus sich hervor, der dann auf Erden als Mensch lebt und wirkt, erschien den jüdischen Zeitgenossen absurd. Wenn der angebliche Messias aus Gott als Gott hervorgeht, muss er ein zweiter Gott sein – und das widerspricht dem ersten Gebot! Der Disput zwischen Judentum und Christentum wird bis heute weitergeführt. **Von Daniel Schumann**

Im Jahr 1980 veröffentlichten die deutschen Bischöfe eine gemeinsame Erklärung zum Verhältnis von Judentum und Kirche. Darin halten sie fest: *„Der tiefste Glaubensunterschied tritt angesichts des stärksten Bindegliedes zwischen Christen und Juden zutage. Der christliche Glaube an Jesus Christus, ... der ... als der wesensgleiche Sohn Gottes bejaht und verkündigt wird, erscheint vielen Juden als etwas radikal Unjüdisches."*

Die Kritik vonseiten des Judentums, die sich über die Jahrhunderte hinweg an der Person Jesu entzündete, ist Teil des Diskurses zwischen den beiden Weltreligionen. Doch drängten sich neben theologischen und sachlichen Erörterungen immer wieder Vorwürfe und Beschuldigungen in den Diskurs. Beides konnte mit dem Übergang des Christentums zur Mehrheitsreligion ab dem 4./5. Jh. auch bis hin zum handfesten Antijudaismus auswuchern und sich in Repressalien und Verfolgungen gegen die jüdische Glaubensgemeinschaft manifestieren. Im jüdischen Schrifttum beschränkte sich die Auseinandersetzung indes vornehmlich auf eine Infragestellung der Messias- und Gottessohnvorstellungen, wie sie sich im frühchristlichen Jesusbild vereinen, sowie auf einen – bisweilen von christlicher Seite erzwungenen – disputativen Dialog. Während man seit den Anfängen der rabbinischen Schultraditionen die Gottesfrage getrennt von der Messiasfrage betrachtete, gehörten die beiden Fragen für die christliche Tradition untrennbar zusammen, da sie sich nach dem Zeugnis der neutestamentlichen Schriften mit dem Verweis auf die Person Jesu beantworten ließen:

*„Simon Petrus antwortete: Du bist der Messias, der Sohn des lebendigen Gottes!"* (Mt 16,16); *„... der Hohepriester ... fragte: Bist du der Messias, der Sohn des Hochgelobten? Jesus sagte: Ich bin es"* (Mk 14,61f); *„Diese [Zeichen] aber sind aufgeschrieben, damit ihr glaubt, dass Jesus der Messias ist, der Sohn Gottes"* (Joh 20,31).

Somit bedeutete die jüdische Ablehnung der Messianität Jesu für den christlichen Gesprächspartner unweigerlich auch die Zurückweisung seiner Gottessohnschaft.

### Der Christ Justin im Dialog mit dem Juden Tryphon

Aus dem 2. Jh. ist uns die apologetische Schrift *Dialogus cum Tryphone Judaeo* (abgekürzt Dial.) aus der Feder Justins des Märtyrers überkommen. Obwohl es sich mit hoher Wahrscheinlichkeit um einen fingierten Dialog mit einem imaginären jüdischen Gesprächspartner namens Tryphon handelt, kann man doch erkennen, wie die jüdische Kritik durch die Brille eines antiken christlichen Theologen wiedergegeben wurde – zwar stilisiert, aber dennoch in ihren Grundanliegen zutreffend. Justin lässt in Dial. 49,1 erkennen, dass die Vorstellung von Jesu göttlicher Abstammung im Judentum seiner Zeit ein Problem darstellte. Tryphon entgegnet ihm in diesem Sinne, dass der Messias als Mensch von irdischen Eltern abstammen und von dem ihm vorausgehenden Propheten Elija gesalbt werden müsse. Einen weiteren Punkt, der nicht mit der Vorstellung eines kommenden messianischen Retters vereinbar schien, sah die jüdische Seite im äußerlich wahrgenommenen Scheitern der Mission Jesu infolge seiner Kreuzigung. Dem hoffte Justin durch die Lehre von der zweifachen Ankunft des Messias widersprechen zu können, wonach die erste Ankunft durch das Leiden des Messias gekennzeichnet wäre und die zweite am Ende der Zeiten in Herrlichkeit ergehe.

Geradezu als töricht betrachtet der jüdische Gesprächspartner Tryphon die christliche Lehre von der Menschwerdung des göttlichen Christus (Dial. 48,1), der gleich wie der Zeussohn Perseus aus der griechischen Mythologie von einer Jungfrau geboren worden sein soll (Dial. 67,2). Dieser Christus sei darüber hinaus als ein zweiter Gott aus dem Schöpfergott hervor-

**Schriftbeweis gegen Schriftbeweis:** Der 12-jährige Jesus ist in der Erzählung des Neuen Testaments begabter als die erfahrenen jüdischen Lehrer. In der Erzählstrategie des Evangelisten sollte das erweisen, dass jene im Judentum recht hatten, die dem Christusglauben folgten. Jusepe de Ribera, 1625, Wien, Kunsthistorisches Museum.

gegangen (Dial. 50,1; 55,1f; 68,3; 74,1), was ohne Frage dem in der Hebräischen Bibel geforderten Alleinverehrungsanspruch des einen und einzigen Gottes Israels widersprach: „Höre, Israel! Jahwe, unser Gott, Jahwe ist einzig" (Dtn 6,4). Unverständlich war dabei auch, warum die Christen seine Verehrung forderten, wenn es doch völlig ausreichend erschien, allein den Schöpfergott anzubeten, der ja über Christus stand (Dial. 64,1). Womöglich unterstellte man diesem Verständnis auch eine Entmachtung Gottes, da sich Justin darum bemüht zeigt, anhand der Vergleichsbeispiele von Vernunft und Feuer zu erläutern, dass auch die Vernunft durch das Hervorgehen eines Wortes und das Feuer durch sein Überspringen keine Depotenzierung erfahren (Dial. 61,2). Ebenso wenig wie also Feuer und Vernunft durch ihre Entäußerung geschmälert werden, genauso wenig büßt Gott beim Hervorgehen des Christus an Macht ein. Insgesamt sieht sich Justin mit einer Vielzahl von Vorwürfen und Anfragen konfrontiert, die er in den Kapiteln 43 bis 118 zu entkräften versucht, indem er messianisch zu deutende Schriftverse aus den Propheten und den Psalmen anführt.

### Maria – im Talmud eine Ehebrecherin, keine Jungfrau

In ähnlicher Weise wie der jüdische Dialogpartner Justins schlägt auch der babylonische Talmud einen kritischen Ton an, wenn es um die Frage nach der Herkunft Jesu geht. Nach der Darstellung der Evangelisten Matthäus und Lukas ist die Vorstellung von der Gottessohnschaft Jesu eng mit seiner geistgewirkten

> Geradezu als töricht betrachtet der jüdische Gesprächspartner die christliche Lehre von der Menschwerdung des göttlichen Christus

und jungfräulichen Empfängnis verbunden (Maria erwartete ein Kind *„durch das Wirken des Heiligen Geistes"*, Mt 1,18; *„Der Heilige Geist wird über dich kommen, und die Kraft des Höchsten wird dich überschatten. Deshalb wird auch das Kind heilig und Sohn Gottes genannt werden"*, Lk 1,35), welche wiederum durch die messianisch gelesene Septuagintaversion von Jes 7,14 motiviert gewesen sein dürfte. Die Kirche fühlte sich auf der Grundlage der griechischen Septuaginta, die in dem Jesajavers von einer schwanger werdenden „Jungfrau" spricht, in ihrer überkommenen Tradition bestätigt – der jüdische Gesprächspartner dagegen sah in der hebräischen Version, die ganz unspezifisch von einer schwangeren „jungen Frau" zu berichten wusste und die daher nicht für eine sich in der Geschichte Jesu erfüllende Prophetie angeführt werden konnte, das wahre und unverfälschte Zeugnis des Propheten verborgen. Für so manchen antiken Leser zeigten sich möglicherweise in der Trias Maria, Heiliger Geist und Josef und in den abweichenden Genealogien (Mt 1,1-17; Lk 3,23-38) unklare Familienverhältnisse Jesu. Diese Unklarheit und insbesondere die unklare Stellung, die Jesu Mutter einnahm, wurden im rabbinischen Judentum polemisch verarbeitet und für die Zurückweisung eines göttlichen Ursprungs Jesu dienstbar gemacht. Dabei sticht ein Bericht über Maria im Traktat Schab-

**Talmud** bedeutet „Studium", „Lehre". Der Begriff wird zum einen im rabbinischen Schrifttum in der Formel „Talmud lehrt ..." als Einleitung eines Schriftwortes bei der Bibelauslegung gebraucht und dient zum anderen als Bezeichnung der beiden in Palästina und Babylonien entstandenen Auslegungswerke zur Mischna, dem Talmud Jeruschalmi und Bavli.

**Midrasch** meint das „Auslegen" der Schrift, das „Forschen" in ihr. Als Gattungsbezeichnung steht Midrasch für sämtliche Werke der rabbinischen Bibelauslegung.

bat (104b) des babylonischen Talmuds in besonderer Weise hervor. Anders als die Empfängnis- und Geburtsgeschichten der Evangelien, berichtet dieser Text in einer Gegenerzählung vom ehebrecherischen Charakter der Mutter Jesu. Wegen ihres unzüchtigen Verhaltens wird Maria von ihrem Mann vertrieben, wobei sie durch ihren sexuellen Umgang mit einem Nichtjuden namens Panthera für die Stigmatisierung ihres Sohnes als Bastard verantwortlich ist. Ein weiterer bezeichnender Sachverhalt begegnet im Traktat Sanhedrin (107b) des babylonischen Talmuds, wo von Jesu Verstrickungen in die magischen Künste die Rede ist, welche den göttlichen Ursprung seiner Heil- und Wunderhandlungen (Joh 5,19; Apg 2,22) in Abrede stellen und ihn als Verführer charakterisieren sollen. So sei der Aufenthalt Jesu mit seiner Familie in Ägypten nicht aus Gründen der Verfolgung geschehen, wie das Matthäusevangelium erzählt, sondern um dort das Magierhandwerk zu erlernen. Bei der Rückkehr habe er dann durch das Anwenden magischer Praktiken sich selbst als Gott identifizieren wollen, um Leichtgläubige um sich zu scharen und sie in die Irre zu führen.

Der zuvor bei Justin angedeutete apologetische Gebrauch der jüdischen heiligen Schrift zum Erweis des göttlichen Ursprungs der Mission Jesu wird im Talmud ebenfalls problematisiert. Der Traktat Sanhedrin (43a-b) lässt diese Verteidigung der Person Jesu durch Schriftbeweise nicht auf sich beruhen. Er kontert durch eine sehr kunstvolle Erzählung über die fiktive Verurteilung der Jünger Jesu. *„Fünf Jünger hatte Jesus"*, so heißt es dort. Alle erhalten bedeutungsvolle hebräische und aramäische Namen. Die fünf stehen vor Gericht und zitieren zu ihrer Verteidigung Schriftverse, so auch der vierte Jünger mit dem Namen Buni („mein Sohn"). Er sagt: *„Sollte [ich] Buni hingerichtet werden, es heißt ja* [Ex 4,22]: *Israel ist mein Sohn, mein Erstgeborener"*. In Buni („mein Sohn") spielt der Talmud auf die Gottessohnschaft Jesu an. Bunis Verteidigungsvers erinnert an die Gottesstimmen in der Tauferzählung (Mt 3,17 par: *„Und eine Stimme aus dem Himmel sprach: Das ist mein geliebter Sohn ..."*) und in der Verklärungsgeschichte (Mt 17,5 par: *„... aus der Wolke rief eine Stimme: Das ist mein geliebter Sohn ..."*), welche wiederum Anspielungen auf Ps 2,7 darstellen (*„Er sprach zu mir: ‚Mein Sohn bist du. / Heute habe ich dich gezeugt'"*). In den Evangelien soll dies die Gottessohnschaft Jesu erweisen.

Doch Buni, der in der Talmuderzählung für den erstgeborenen Sohn Gottes der Christen steht, verfehlt das Ziel seiner Freisprechung: Er wird verurteilt. *„Sie erwiderten ihm: Jawohl, Buni soll hingerichtet werden, denn es heißt* [Ex 4,23]: *Ich werde deinen Erstgeborenen Sohn töten"* – was letztendlich auch die Bestreitung der Gottessohnschaft Jesu bedeutet. Die Rabbinen zeigen, dass die auf der jüdischen Bibel basierende christliche Beweisführung ebenso durch die Schrift widerlegt werden kann. Insgesamt zeigen die Erzählungen des Talmuds eindrücklich, wie die Jesusgeschichte in ihr Gegenteil verkehrt wurde, um ihre von jüdischen Betrachtern empfundene Absurdität hervorzuheben.

### Auch im Mittelalter: Keine Seite überzeugt die andere

Die wohl bis dato detaillierteste und damit auch ausführlichste Zusammenstellung jüdischer Messiasvorstellungen und -erwartungen hat der im 12. Jh. wirkende Rechtsgelehrte, Arzt und Philosoph Rabbi Mosche ben Maimon, bekannt unter der gräzisierten Namensform „Maimonides", in seinem Werk *Mischne Tora* zusammengestellt. Die dort im Abschnitt „Gesetze der Könige und ihrer Kriege" aufgelisteten Aussagen über das Auftreten und den Charakter des erwarteten Messias können zum Teil als direkte kritische Auseinandersetzung mit dem Messiasbild der Evangelien gelesen werden. So konstatiert Maimonides in Kapitel 12,2, dass der Messias die Reinen nicht als unrein deklarieren wird (gegen Mt 3,7; 23,25-33, wo Jesus die Pharisäer und Schriftgelehrten als innerlich unreine Heuchler bezeichnet) und die Unreinen nicht als rein (gegen Mk 1,41, wo Jesus einen unreinen Aussätzigen rein, also gesund macht). Am deutlichsten tritt die Abweisung des messianischen Anspruchs Jesu in Kapitel 11,3 hervor, wo Maimonides die Gleichsetzung des messianischen Königs mit einer Wunder wirkenden und Tote auferweckenden Rettergestalt entschieden zurückweist (gegen Lk 7,11-23). Darüber hinaus wird im Folgevers der Abbruch des irdischen Wirkens Jesu durch seine Tötung

---

**Studenten in der Talmudschule** *Yeshivat Nir* in Jerusalem. Im Talmud sind die Auseinandersetzungen mit den Christen und ihrer Vorstellung vom angeblichen jüdischen Messias Jesus Christus dokumentiert. Nach einem Paradigmenwechsel in den 1980er-Jahren wird der christlich-jüdische Dialog offener geführt.

ausdrücklich als ein Zeichen seines vollständigen Scheiterns gedeutet – entgegen dem christlichen Verständnis des Kreuzestodes Jesu (Joh 10,11-18; Röm 3,25; 1 Kor 15,3).

Ein Jahrhundert nach Maimonides beginnt die christliche Seite, die antiken rabbinischen Schriften vermehrt zur Kenntnis zu nehmen. Dabei versucht sie, mit der Hilfe jüdischer Konvertiten das reiche literarische Erbe des Judentums für die eigenen Ziele zweckzuentfremden. Ziel ist, die jüdische Seite von der historischen Faktizität zu überzeugen, dass der Messias gekommen ist.

Dieser Neuansatz, der auch mithilfe des Talmuds und der Midraschim geführt wurde, schien geboten, da man sich der jüdischen Überlegenheit bei der Auslegung der Hebräischen Bibel bewusst war und daher allein in diesem Bereich keine Überzeugungskraft leisten konnte. Einen ersten Schlagabtausch dieser neuen Entwicklung stellte die „Pariser Disputation" von 1240 dar, welche die öffentliche Talmudverbrennung von 1242 nach sich zog. Die nächste Runde des Streitgesprächs wurde etwas mehr als 20 Jahre später in Barcelona eingeläutet. Hauptredner der kirchlichen Seite war der zum Christentum konvertierte Fray Pablo Christiani. Er wollte seinem jüdischen Disputationspartner, dem berühmten Rabbi Mosche ben Nachman (Nachmanides), unter Inanspruchnahme des Midraschs zu den Klageliedern (EkhR 1,51) – dieser Midrasch berichtet davon, dass die Geburt des Messias und die Zerstörung des herodianischen Tempels zeitlich ineinanderfallen – das Eingeständnis abringen, die Rabbinen hätten Kenntnis davon gehabt, dass der Messias bereits gekommen sei. Ein weiterer Streitpunkt, dessen Überwindung sich Fray Pablo im Fortgang der Debatte erhoffte, war die Frage nach der Göttlichkeit des Messias, die er mit Ps 110,1 und unter Berücksichtigung des Midraschkompendiums Jalqut Shimoni (§ 869) zu beantworten versuchte. Nachmanides konterte den Vorstoß seinerseits mit dem Hinweis, das im Psalm angesprochene „Sitzen zur Rechten Gottes" bedeute nur die Gewährung göttlichen Schutzes und könne daher keine ontologische Qualifizierung des Messias als göttlich meinen. Dieser Neuansatz wurde für die nächsten Jahrhunderte bestimmend. Doch die christliche Auswahl an Texten der rabbinischen Traditionsliteratur, die einer genaueren Systematik entbehrte, und das Vorverständnis, welches durch den kirchlichen Disputanten in die Texte hineingetragen wurde, behinderten das gegenseitige Verständnis eher als es zu fördern.

### Die Jesusfrage im Judentum der Neuzeit

Bis in die Neuzeit haben sich kritische Stimmen gehalten, welche das christliche Verständnis von der Mittlerschaft Jesu (Joh 16,26-28; 1 Tim 2,5; Hebr 8,6; 9,15; 12,24) als unvereinbar mit der monotheistischen Gottesvorstellung des Judentums betrachten (H. Cohen) und dabei sogar von der „Vernichtung der Einzigkeit Gottes" (A. Lewkowitz) sprachen. Als dem Judentum ebenso fremdartige Sicht von Gott galt die Rede von seiner Inkarnation (Joh 1,14), das heißt seiner *Menschwerdung* auf der einen Seite, und der Apotheose Jesu aus Nazaret, das heißt seiner Gottwerdung, auf der anderen Seite (S. Formstecher). Ein weiterer Differenzpunkt, der bereits Jesu jüdische Zeitgenossen in Aufruhr versetzte und ihm den Vorwurf der Gotteslästerung einbrachte (Mt 9,2f), liegt im dogmatischen Begriff der „Erlösung": Erlösung beschreibt im Christentum das Versöhnungshandeln Jesu, das sich zwi-

> **Maria hatte sexuellen Umgang mit einem Nichtjuden namens Panthera und ist für die Stigmatisierung ihres Sohnes als Bastard verantwortlich**

schen Gott und Mensch realisiert (2 Kor 5,18 *„Gott, der uns durch Christus mit sich versöhnt … hat"; Röm 5,11 „Wir rühmen uns Gottes durch Jesus Christus …, durch den wir jetzt schon die Versöhnung empfangen haben"*). Nach dem jüdischen Philosophen und Theologen C. G. Montefiore vermag der Mensch aus eigener Kraft, sobald er vom Weg des Guten abgeirrt ist, auf diesen Weg zurückzukehren. Und eben diese *Teschuba* („Umkehr") ist der Anlass für Gottes Vergebung der individuellen menschlichen Schuld – es bedarf keines versöhnenden Mittlers. Das Zwischenschalten eines solchen Mittlers ist somit ein gänzlich unjüdischer Gedanke, der dem jüdischen Gottesbegriff widerspricht.

Was die christliche Beurteilung dieser von jüdischer Seite vorgebrachten Anfragen an die Person Jesu betrifft, so hat sich in der neueren Kirchen- und Theologiegeschichte ein Paradigmenwechsel eingestellt. Seit den Anfängen der Kirche war das Gespräch mit dem Judentum vom christlichen Überlegensheitsgefühl bestimmt, welches den zuvor skizzierten theologischen Standpunkt des jüdischen Gegenübers nicht wahr- oder ernst nahm und sich in einer aktiven Judenmission widerspiegelte. Doch wurde diese Haltung im Fall der evangelischen und katholischen Kirchen vor dem Hintergrund der schrecklichen Erfahrung des Holocaust grundlegend überdacht und umbewertet. Zeugnisse dieser Umbewertung sind zum einen der Rheinische Synodalbeschluss von 1980, in welchem die bleibende Erwählung des jüdischen Volkes konstatiert und das durch das Christusgeschehen erwirkte Hineingenommensein der Kirche in Gottes Bundesvolk festgehalten wird (RSB 4.4). Zum anderen sei hier auf das Papier der Päpstlichen Bibelkommission „Das jüdische Volk und seine heilige Schrift in der christlichen Bibel" verwiesen, in dem die Anerkennung der jüdischen Auslegung und Leseweise der Tora formuliert und festgesetzt wurde. ∎

**Daniel Schumann** ist Wissenschaftlicher Mitarbeiter am Institut für antikes Judentum und hellenistische Religionsgeschichte der Universität Tübingen. Als Doktorand forscht und schreibt er über antike Bibelübersetzungen und die Bedeutung des Schlafs in den biblischen Schriften.

Die Jesuslehre des Koran

# „Es kommt Gott nicht zu, dass er sich ein Kind nimmt"
(Sure 19:34)

Das Jesus-Verständnis des Koran gehört – in christlicher Perspektive – zur Wirkungsgeschichte der christologischen Streitigkeiten der ersten Jahrhunderte. In Mekka und Medina, wo die Suren des Koran geoffenbart werden, sind nestorianische und monophysitische Vorstellungen des Christentums bekannt. Aus koranischer Sicht ist es nicht denkbar, dass Gott, der Eine, einen Sohn hat – Jesus ist ganz und gar Mensch und ein herausragender Prophet. Der muslimische Vorwurf, das Christentum verlasse mit der Dreieinigkeit Gottes den Monotheismus, steht zwischen den Religionen. **Von Anja Middelbeck-Varwick**

Die Bedeutung Jesu Christi ist von Beginn an *der* zentrale theologische Streitpunkt zwischen Christen und Muslimen. Christlich betrachtet steht die koranische Deutung Jesu im Widerspruch zu fundamentalen christlichen Glaubensaussagen, da sie die Inkarnation, die Gottessohnschaft, den Kreuzestod und die Trinität verneint. Doch was eigentlich sagt der Koran über Jesus?

### Vorbemerkungen

Eingangs wäre zu prüfen, welche religiösen Gruppierungen auf der arabischen Halbinsel zur Zeit des islamischen Propheten Muhammad in welchem Umfang präsent waren. Doch lässt sich dies historisch kaum rekonstruieren, die wissenschaftlichen Aussagen hierüber divergieren stark. Anzunehmen ist *zum einen*, dass das Christentum in der Anfangszeit des Islam von eher marginaler Bedeutung war, *zum andern*, dass schon den vorislamischen Arabern spezifische jüdische und christliche Schriften und Glaubensvorstellungen bekannt waren. Der Koran selbst adressiert sich immer wieder an die sogenannten Schriftbesitzer (arab. *ahl al-kitāb*), die Juden und Christen. Schließlich wird die Frage, ob Muhammad etwas aus den anderen Religionen übernommen hat, selbst zum Topos islamischer Apologetik: Um den göttlichen Ursprung der koranischen Offenbarung zu wahren, wird mit der fehlenden Schreib- und Lesekompetenz des islamischen Propheten und der Unvergleichbarkeit des arabischen Koran argumentiert.

Die christlichen Vorstellungen im Entstehungsraum des Koran waren vor allem *nestorianisch* und *monophysitisch* ausgerichtet. Die dogmatischen Streitigkeiten über die Göttlichkeit Jesu, die Zwei-Naturen-Lehre und die Bezeichnung von Maria als „Gottesgebärerin", über die die ökumenischen Konzilien der frühen Kirche bereits entschieden hatten, wirkten mittels der dort verurteilten Richtungen und ihrer Interpretationen weiter. Entsprechend sind diese Lehren im Hintergrund einiger Suren des Koran zu sehen. Sie stellen jedoch nur eine der vielen zu berücksichtigenden Di-

**Muslimische Schülerinnen** besuchen die Geburtsgrotte in der Geburtskirche von Betlehem, in der traditionell der Geburtsort Jesu verehrt wird. Für Muslime ist Jesus Gottes Diener, sein „Zeichen", ein hoch geschätzter Prophet und vorbildlicher Muslim.

mensionen dar, wenn man den Koran als *spätantiken* und *diskursiven* Text liest (vgl. Angelika Neuwirth, Der Koran als Text der Spätantike. Ein europäischer Zugang, Berlin 2010, hier: 72–74, und den Beitrag von A. Neuwirth in WUB 1/2012). Wenn der Koran in christlich-theologischer Perspektive hierbei oft als Text in der Auslegungs- und Wirkungsgeschichte der Bibel verstanden wird, so ist er ebenso ein Text, der in der frühen Dogmengeschichte des Christentums zu verorten ist. In Bezug auf den koranischen Jesus wird zu beachten sein, dass die Suren über ihn nicht primär apologetisch und abgrenzend zu verstehen sind. Sie stellen vor allem eine muslimische Deutung Jesu dar, die zunächst im Prozess der Ausformung der eigenen muslimischen Identität gelesen werden muss. Wird diese Selbstsicht der anderen Religion im dialogischen Interesse beachtet, so kommt ein Weiteres hinzu: Spekulationen darüber, was Muhammad über das Christentum „gewusst" haben könnte, widersprechen dem islamischen Verständnis des Propheten, da Muhammad nicht als Autor des Koran verstanden wird, sondern *Gott allein* als der Urheber der geoffenbarten Schrift gilt. Jede christliche Bewertung koranischer Aussagen bedarf daher einer sorgfältigen Vorverständigung, auf welche Weise man die Texte auslegt und versteht.

### Jesus im Koran: Prophet und Sohn der Maria

Eine Ausführung über Jesus (arab. *ʿĪsā*) im Koran damit zu beginnen, was er den Suren zufolge gerade *nicht* ist – „Sohn Gottes" –, wäre unredlich. Und doch impliziert auch das den Koran bestimmende Verständ-

> Der Koran ist ein Text, der – in christlich-theologischer Perspektive – in der frühen Dogmengeschichte des Christentums zu verorten ist

nis Jesu, dass seine Göttlichkeit ausgeschlossen ist. Denn: Jesus ist in erster Linie ein muslimischer Prophet, so heißt es in Sure 2:87:

*„Wir gaben Mose die Schrift und ließen nach ihm die Gesandten folgen. Wir gaben Jesus, dem Sohn Marias, die klaren Zeugnisse und stärkten ihn mit dem Geist der Heiligkeit."*

In der Reihe der Propheten (vgl. z. B. Sure 2:136; 3:84; 4:163-165) kommt Jesus ein herausragender Rang zu: Er überbringt den Christen das Evangelienbuch (arab. *inǧīl*), koranisch zu verstehen als eine Erinnerung (arab. *ḏikr*) an die bereits ergangene, stets identische Offenbarungsschrift des einen und einzigen Gottes. Als Prophet ist Jesus ein Diener und Geschöpf Gottes und stets der „Sohn der Maria" (arab. *ibn Maryam*, vgl. Friedmann Eißler, Jesus und Maria im Islam, in: Böttrich/Ego/Eißler, Jesus und Maria in Judentum, Christentum und Islam, S. 120–205, s. Lesetipps). Der koranische Jesus ist bei Weitem nicht nur mittels dieser Formel mit seiner Mutter verbunden – die Geschichte Mariens ist für das muslimische Verständnis Jesu grundlegend, wie sich zunächst in Sure 19 zeigt. Die Mariensure enthält die mekkanische Kindheitsgeschichte Jesu (Sure 19:16-36). Die etwa zehn Jahre ältere, medinische Fassung der Kindheitsgeschichte findet sich in Sure 3:42-51 (vgl. Eißler S. 125–163 und Neuwirth S. 491–494). Sure 19 beginnt mit der Geschichte von Zacharias und der späten, wunderbaren Geburt seines Sohnes Johannes, der zum Propheten bestimmt ist. Darauf folgen die Verse über die Verkündigung an Maria durch den Geist, der ihr als engelsgleicher Mensch erschien. Er verheißt ihr einen Jungen, woraufhin Maria fragt:

*„‚Wie soll ich einen Jungen bekommen, wo mich kein Mensch berührt hat und ich keine Hure gewesen bin?' Er sagte: ‚So ist es. Dein Herr sagt: Das fällt mir leicht. So wollen wir ihn zu einem Zeichen für die Menschen machen und zu Barmherzigkeit von uns. Es ist beschlossene Sache'"* (Sure 19:20-21).

Durch eine jungfräuliche, „reine" Empfängnis wird Maria schwanger: Dies ist nicht sonderlich exzeptionell, weil Gott, der Schöpfer, dies leicht qua Beschluss bewirken kann. Maria gebiert Jesus, der den Menschen ein Zeichen (arab. *aya*) sein soll, am Stamm einer Palme. Da sie gelobt hat zu fasten und mit niemandem zu sprechen, antwortet sie nicht auf die ihr beggegnenden Vorwürfe ob des vaterlosen Kindes. Aber das neugeborene Jesuskind selbst, in der Wiege liegend, gibt zum großen Erstaunen aller Auskunft über sich:

*„Ich bin Gottes Diener. Er hat mir die Schrift gegeben und mich zum Propheten gemacht. Lässt mich gesegnet sein, wo immer ich bin. Er hat mir das Gebet und die Abgabe anbefohlen, solange ich lebe, und ehrerbietig gegen meine Mutter zu sein. Er hat mich nicht zum unseligen Gewalttäter gemacht. Friede über mich am Tag, da ich geboren wurde, am Tag, da ich sterbe, und am Tag, da ich zum Leben erweckt werde"* (Sure19:30-33).

Hier finden sich drei wichtige Kennzeichnungen Jesu: Jesus ist *erstens* Diener Gottes (arab. *ʿabd allāh*), er ist *zweitens* Prophet, der über eine Schrift verfügt, d. h. er ist Verkünder (arab. *nabī*) und Gesandter (arab. *rasūl*) Gottes, und *drittens* ist Jesus ein wahrer Muslim, der das Gebet und die Abgabe einhält und als besonders friedliebend gilt. Die Rede Jesu wird im unmittelbar folgenden Vers gedeutet:

*„Das ist Jesus, der Sohn Marias. Das Wort der Wahrheit, an dem sie zweifeln. Es kommt Gott nicht zu, dass er sich ein Kind nimmt. Gepriesen sei er! Wenn er eine Sache beschließt, sagt er zu ihr nur: "Sei!, und da ist sie"* (34-35).

Hier findet sich nun explizit, dass Jesus, der hier erstmals mit Namen eingeführt wird, nicht ein „Kind" Gottes sein kann. Er ist „Sohn der Maria" und nicht „Sohn Gottes". Eine Gottessohnschaft Jesu verbietet sich im muslimischen Gottesverständnis, für das die Einheit und Einzigkeit Gottes konstitutiv ist. Jesus ist Diener Gottes, ein hoch geschätzter Prophet und bedeutender Gesandter, aber eben nur ein *Mensch*. Mit diesen wenigen Versen (Sure 19:30-35) ist die „Jesulogie" des Koran im Wesentlichen schon entfaltet. Zugleich beginnt schon mit Vers 34 eine frühe Polemik gegen die Gottessohnschaft Jesu (Sure 19:35-40). Im Hintergrund steht hier aber eine Auseinandersetzung mit einer gegnerischen paganen Gruppe, weshalb es sich noch nicht um eine Polemik gegen christliche Glaubenswahrheiten handelt (vgl. Neuwirth S. 490–491).

Die Auseinandersetzung mit den Mekkanern, die noch den altarabischen Pantheon verehren, bleibt auch für Sure 43:57-65 bedeutsam. Als ihnen aufgezeigt wird, dass keine ihrer Gottheiten neben dem einen Gott bestehen könne, erheben sie bei der Erwähnung Jesu durch Muhammad Protest. Daraufhin wird ihnen gesagt, auch Jesus sei nur ein *Diener* Gottes – und nicht ein Gottessohn (vgl. Neuwirth S 494; Eißler S. 139–140). Der Koran wird nicht müde, das Menschsein Jesu immer wieder herauszustellen, wie z. B. mit Bezug auf die zahlreichen Wunder, die Jesus stets mit ausdrücklicher „Erlaubnis" oder „Ermächtigung" Gottes ausführt: Er heilt Kranke, erweckt Tote, haucht Vögeln aus Lehm Leben ein. Auch gibt es im Koran das sogenannte „Tischwunder", in dem Jesus von Gott einen gedeckten Tisch für die hungrigen Jünger erbittet und dieser von Gott niedergesendet wird (vgl. Sure 5, Der Tisch, Verse 110-115). Insgesamt beziehen sich 15 Suren in etwa 108 Versen auf Jesus (vgl. Eißler S. 121).

**Maryam und der Säugling Isa**, den sie nach Sure 19 unter einer Dattelpalme gebiert, Miniatur, 17. Jh.

### Gott hat keine Teilhaber

Dass es nicht statthaft ist, Gott, dem Einen etwas „beizugesellen" (arab. *shirk*), findet sich in zahlreichen späteren Versen, die sich nun auch explizit gegen die inkarnatorischen und trinitarischen Aussagen der Christologie wenden. Die konkreten Differenzen stellten sich erst mit der Zeit heraus, die Auseinandersetzungen mit Juden und Christen gewinnen nach und nach an Schärfe (vgl. Eißler S. 176). Für den muslimischen Einwand, dass Gott keine „Teilhaber" habe, kann exemplarisch Sure 4:171 stehen. Hier wird den Christen gesagt, sie sollen nicht übertreiben, indem sie Jesus Göttlichkeit zuweisen:

„Ihr Leute der Schrift, geht in eurer Religion nicht zu weit und sagt über Gott nur die Wahrheit! Christus Jesus, der Sohn Marias, ist Gottes Gesandter, sein Wort, das er Maria entbot, und Geist von ihm. So glaubt an Gott und seine Gesandten! Sagt nicht ‚drei'! Hört auf! Das ist besser für euch. Gott ist ein einziger Gott. Gepriesen sei er! Dass er ein Kind hätte! Ihm gehört, was in den Himmeln und auf der Erde ist. Gott genügt als Sachverwalter."

In Sure 5:116-117 weist Jesus selbst die Aussage zurück, es könne einen Gott außer Gott geben:

## Jesus kann nicht ein „Kind" Gottes sein. Er ist „Sohn der Maria" und nicht „Sohn Gottes"

„Als Gott sagte: ‚Jesus, Sohn Marias, hast du etwa zu den Menschen gesagt: Nehmt euch außer Gott noch mich und meine Mutter zu Göttern!?' Er sagte: ‚Gepriesen seist du! Es kommt mir nicht zu, etwas zu sagen, wozu ich kein Recht habe [...] Ich habe ihnen nur gesagt, was du mir geboten hast: Dient Gott, meinem und eurem Herrn!'"

Zu sehen ist die Zurückweisung der Trinität („Sagt nicht ‚drei'!"), mit der die Ablehnung jedweder Vaterschaft Gottes einhergeht. Das Gesagte findet sich auch in der kurzen Sure 112 nachdrücklich formuliert:

„Sag: ‚Er ist Gott, ein Einziger, Gott der Allüberlegene. Er hat nicht gezeugt und ist nicht gezeugt worden. Nicht einer ist ihm gleich.'"

Auffällig ist, wie A. Neuwirth gezeigt hat, neben der prägnanten Betonung der Einheit Gottes, die Dopplung der Wendung, „*Er hat nicht gezeugt und ist nicht gezeugt worden*", die die Formulierung des Symbolons „gezeugt, nicht geschaffen" in verneinter Form anklingen lässt (vgl. Neuwirth S. 764). Ebenso hat die Formulierung „*Nicht einer ist ihm gleich*" Anklänge an die nizänische Wesensgleichheit (griech. *homousios*), die von Christus mit dem Vater ausgesagt wird – und hier im Koran wiederum entschieden verneint wird. Inwiefern es sich hier um eine Neuformulierung des lokal bekannten Glaubensbekenntnisses der Christen handelt, wird weiter zu diskutieren sein (vgl. Neuwirth S. 765).

Schließlich ist die Frage, ob und wie Jesus dem Koran zufolge gestorben ist, vor dem Hintergrund der Nicht-Göttlichkeit des Propheten zu sehen. Jesus ist menschlich, d. h. sterblich, er isst und trinkt, er ist „Sohn der Maria", sein Leben besitzt in sich keine soteriologische Relevanz, bewirkt also keinerlei Erlösung. Sodann kann ein Gesandter Gottes nicht am Kreuz sterben. Daher beteuert der Koran, dass die Juden in ihrem Versuch, Jesus zu töten, erfolglos waren. Gott bewahrt seinen Propheten: Jesus wurde in den Himmel erhoben, von Gott abberufen beziehungsweise jemand anderes wurde statt seiner gekreuzigt. Die entsprechenden Verse (Sure 3:54-60; 4:157-158) richten sich daher nicht gegen die Christen, sondern gegen die unerhörte Behauptung der *Juden*, sie hätten den Gesandten Gottes getötet. Sie entspringen hierbei also maßgeblich der Wertschätzung des von Gott gesandten Propheten Jesus.

**Die Propheten Muhammad und Isa ibn Maryam** (Jesus, Sohn der Maria) auf einem Kamel und einem Esel gemeinsam reitend. Der biblische Jesus erfährt im Islam eine vielfach positive Ausdeutung. Die koranische „Jesulogie" wird nicht gegen das Christentum entworfen, sondern als Teil der koranischen Theologie. Forscher/innen regen an, diese Perspektive einzunehmen, um den Dialog über die Hürde hinaus zu ermöglichen, dass Jesus für den Koran „nur" ein Mensch ist.
Persische Miniatur, um 1750. Illustration zu der Chronik „Kitab al-Athar albaqiyah an alqurun alchaliya" (Buch der Hinterlassenschaften früherer Jahrhunderte) des persischen Gelehrten al-Biruni (973–1048), Parlamentsbibliothek Teheran.

## Die „Jesulogie" des Koran: eine Chance für das christlich-muslimische Gespräch

Der entscheidende Grund für die Ablehnung der Göttlichkeit Jesu muss darin gesehen werden, dass eine solche Vorstellung der *Botschaft* des Koran entgegensteht. Dem Koran kommt es in jedem Satz darauf an, die Menschen zur Hinwendung zum stets größeren, einen Gott aufzurufen. Dieses Anliegen teilen die drei monotheistischen Religionen zweifelsohne. Doch die Verehrung Jesu als zweite Person der Trinität wurde von Muslimen vielfach falsch als Abkehr vom „reinen" Monotheismus gedeutet, ebenso wie die Dreieinigkeit von Vater, Sohn und Heiligem Geist tritheistisch, d. h. als Verehrung von drei Gottheiten, missverstanden wurde. Das Bekenntnis zu Jesus Christus und zur Trinität als ebenso „reinen" Monotheismus auszuweisen, ist im Dialog mit Muslimen bis heute eine sehr zentrale wie gewichtige Aufgabe, ein Lernfeld für beide Seiten. Die jahrhundertealten theologischen Streitigkeiten begründen sich nicht zuletzt auch darin, dass die Muslime in Jesus nicht „mehr" sehen können, als „nur" einen Propheten, der zudem noch vom islamischen Propheten Muhammad als dem „Siegel der Propheten" überboten wird. Das christlich-muslimische Gespräch könnte gewinnen, wenn die hohe Wertschätzung, die der Koran Jesus trotz der Ablehnung seiner Göttlichkeit zuteil werden lässt, zunächst einmal wahrgenommen würde. Auch sind in der christlichen Tradition vor allem die christologischen Hoheitstitel Jesu bedeutsam geworden. Apologetisch erprobt wird Christus als „Sohn Gottes" oder „Erlöser der Welt" besonders im Gespräch mit Muslimen gern vorangestellt, um auf das demgegenüber „defizitäre" koranische Verständnis zu verweisen. Die alleinige Fokussierung auf die christologische Bedeutung Jesu verstellt jedoch zugleich den eigenen Blick auf den historischen Jesus. Ein Gespräch über die „Jesulogie" des Koran, die sich nicht nur auf die Spitzenverse beschränkt, sondern die Narrative über Jesus und Maria in ihrer gesamten Breite und Einbindung in den Kontext wahrnimmt, könnte hier neue Impulse setzen. Die muslimische Aneignung des biblischen Zeugnisses sieht Jesus als einen bedeutenden Boten und vorbildlichen Diener Gottes, der auch in Hadithliteratur und Mystik oft sehr positiv gestaltet wird. Ein Beispiel aus dem 8. Jahrhundert, das Hasan al-Basri zugeschrieben wird, sei zitiert: (nach A. Schimmel, Jesus und Maria in der islamischen Mystik, München 1996, 83f):

„Jesus kam einmal bei einem blinden, aussätzigen, siechen, beidseitig gelähmten Mann vorbei, dem vom Aussatz das Fleisch abgefallen war. Der sprach: ‚Lob sei Gott, der mich vor dem bewahrte, womit er so viele Menschen heimgesucht hat.' Jesus fragte ihn: ‚Von welcher Heimsuchung kannst du denn verschont geblieben sein?' Er sagte: ‚Geist Gottes, ich bin besser dran als jene, denen Gott nicht die Gotteserkenntnis ins Herz gelegt hat, die er mir gegeben hat.' Jesus sagte: ‚Du hast wahr gesprochen. Gib mir deine Hand.' Er gab ihm die Hand, und siehe, da hatte er das schönste Antlitz und die herrlichste Gestalt. Gott hatte sein Leiden von ihm genommen, und er folgte Jesus nach und diente Gott mit ihm."

Nachzudenken wäre ferner darüber, dass die *biblische* Bezeichnung Jesu als Prophet in den neutestamentlichen Evangelien (Mk 6,4 par; Lk 13,31-33) vermutlich Jesu Selbstverständnis (in der Ankündigung des Reiches Gottes und in seinem Ruf zur Umkehr) entsprach. Ein christlich-muslimisches Gespräch hie-

> Die Verehrung Jesu als zweite Person der Trinität wurde von Muslimen vielfach als Abkehr vom „reinen" Monotheismus gedeutet, ebenso wie die Dreieinigkeit von Vater, Sohn und Heiligem Geist als Verehrung von drei Gottheiten missverstanden wurde

rüber könnte erleichtern, den Denkweg der frühen Kirche zum nachösterlichen „Christus des Glaubens" zu verstehen. Dem Einwand, dass die Einzigartigkeit des Christusereignisses in seiner universalen Bedeutung mit den Aussagen des Koran bestritten wird, ist schlussendlich recht zu geben – und dennoch kann der koranische Jesus, als vorbildlicher Muslim, ein wertvoller Lernort der Begegnung von Christen und Muslimen werden. ∎

**Anmerkung:** Der Koran wird zitiert in der Übersetzung von Hans Zirker (Darmstadt ³2010).

### Lesetipps
- Hugh P. Goddard, **A History of Christian-Muslim-Relations**, Chicago 2000
- Angelika Neuwirth, **Der Koran als Text der Spätantike. Ein europäischer Zugang**, Berlin 2010
- Christfried Böttrich/Beate Ego/Friedmann Eißler, **Jesus und Maria in Judentum, Christentum und Islam**, Göttingen 2009
- Theresia Hainthaler, **Christliche Araber vor dem Islam. Verbreitung und konfessionelle Zugehörigkeit. Eine Hinführung**, Eastern Christian Studies 7, Louvain 2007.

**Prof. Dr. Anja Middelbeck-Varwick** ist Juniorprofessorin für Systematische Theologie an der FU Berlin mit Schwerpunkt „Theologie des interreligiösen Dialogs" und „Christlich-muslimische Beziehungen". Zuletzt von ihr herausgegeben (zus. mit M. Gharaihbeh/H. Schmid/A. Yaşar): Die Boten Gottes. Prophetie in Christentum und Islam (Regensburg 2013).

# BÜCHERTIPPS

### Kleine Geschichte des trinitarischen Dogmas in der Alten Kirche

Dieses Taschenbuch bietet eine verständliche Geschichtsdarstellung, die auf die beiden Konzilien von Nizäa (325) und Konstantinopel (381) zuläuft. Die Entwicklungen und Denkmodelle, die den beiden Bekenntnissen zum dreieinigen Gott (Nizänum und Nizäno-Konstantinopolitanum) vorausgehen, und die theologischen und politischen Wege und Umwege aller Beteiligten stellt der Würzburger Altkirchengeschichtler in schlüssiger und sehr anschaulicher Weise dar. Neben der kirchengeschichtlichen Perspektive werden aber auch die theologischen Anliegen und Motivationen etwa eines Arius, Athanasius, Markell oder der Kappadokier verständlich. Ebenso wird klar, wie viele Gespräche, Briefkontakte und Treffen auch zwischen den Konzilien von Ephesus und Konstantinopel stattgefunden haben. Dünzl erklärt, auf welche Weise das „trinitarische Dogma" eben kein oberflächlicher Kompromiss ist, sondern das Ergebnis eines vertieften Nachdenkens über Gott.

**Franz Dünzl, Kleine Geschichte des trinitarischen Dogmas in der Alten Kirche. Grundlagen Theologie, 2. Aufl., 160 S., 2011 Herder, ISBN 978-3-451-30946-5, 14,95 EUR**

### Einführung in die allgemeinen Konzilien

Dieses einführende Werk schlägt den Bogen über alle 21 ökumenischen Konzilien, die seit dem 4. Jh. stattgefunden haben. Sehr kompakt wird jedes Konzil auf wenigen Seiten dargestellt: seine theologischen und historischen Voraussetzungen, die Fragestellung, um die es geht, die begleitenden Ereignisse, die formulierten Ergebnisse sowie die Konsequenzen und die Nachgeschichte. Das Buch ist zuerst für Studierende konzipiert, die sich kurzfristig und in komprimierter Form einen Überblick aneignen wollen. Es eignet sich aber ebenso hervorragend für alle Interessierten, die ohne Vorkenntnisse ins Thema einsteigen wollen.

**Christian Lange, Einführung in die allgemeinen Konzilien, 155 S., 2012 Wissenschaftliche Buchgesellschaft, ISBN 978-3-534-25059-2, 14,90 EUR**

### Der Kaiser und sein wahrer Gott

Aus der Sicht des Historikers schildert Manfred Clauss, wie sich die Theologen der Spätantike um die Göttlichkeit Jesu stritten – bis hin zur Prügelei. Die Darstellung ist sehr kurzweilig und lebendig, streckenweise äußerst spannend erzählt und mit einer Auswahl fesselnder Quellenzitate „gewürzt". Das funktioniert, weil der Historiker frei von theologischen Überlegungen auf die Personen, Quellen und Streitigkeiten schauen kann. Andererseits schleichen sich hier und da auch theologische Unschärfen ein. Dennoch empfehlenswert.

**Manfred Clauss, Der Kaiser und sein wahrer Gott. Der spätantike Streit um die Natur Christi, 144 S., 2010 WBG/Primus Verlag ISBN 978-3-89678-816-0, 22,90 EUR**

### Die früheste Jesusverehrung, „Jesus devotion"

Larry W. Hurtado, Professor für Neues Testament an der Universität Edinburgh, Schottland, veröffentlichte 2005 unter dem Titel „Lord Jesus Christ: Devotion to Jesus in Earliest Christianity", eine historische Untersuchung über die Jesus-Verehrung, die „Jesus devotion", in der Anfangszeit des Christentums, die vielfach rezipiert worden ist (vgl. Beitrag von Hans-Ulrich Weidemann). Da dieses Werk aber noch nicht in deutscher Sprache vorliegt (eine französische Übersetzung existiert bereits), weisen wir ausnahmsweise auf einen Zeitschriftenartikel hin, in dem Hurtado seine Thesen darstellt: Die Jesus-Verehrung sei plötzlich und rasch entstanden, und zwar im Schoß des Judentums in Jerusalem, in der Tradition des zweiten Tempels. Diese Verehrung entwickelt sich weiter, erscheint aber in der Geschichte und in der jüdischen Tradition als etwas ganz Plötzliches und Neues. In der Anfangszeit des Christentums integrierten die Urchristen Jesus in die Verehrung, die sie ihrem biblischen Gott entgegenbrachten.

**Larry W. Hurtado, Jesusverehrung und die Frömmigkeit des Judentums zur Zeit des zweiten Tempels, in: Evangelische Theologie, Jg. 68, Heft 4 (2008), S. 266–285**

⤑ Ein Interview mit Larry W. Hurtado finden Sie auf www.weltundumweltderbibel.de unter den Detailinformationen zu dieser Ausgabe „Streit um Jesus: Gott und Mensch?"

### Studien zur Christologie

Martin Hengel, verstorben 2009, ist der „Grand Seigneur" für die Fächerkombination Neues Testament, Antikes Judentum und hellenistische Religionsgeschichte. In einem Sammelband sind grundlegende Aufsätze von ihm zusammengefasst. Der Aufsatz **„Der Sohn Gottes" von 1977** verdient besondere Aufmerksamkeit. Hengel schreibt hier erhellend über die „Diskrepanz zwischen dem schändlichen Tod eines jüdischen Staatsverbrechers und jenem Bekenntnis, das diesen Exekutierten als präexistente göttliche Gestalt schildert", so seine Fragestellung.

**Martin Hengel, Studien zur Christologie, hg. v. Claus-Jürgen Thornton, 650 S., 2006 Mohr Siebeck, ISBN 978-3-16-149196-2, 194,- EUR**

### Jesus begegnen. Zugänge zur Christologie

In vier Buchteilen führen die Autoren die Leser zur aktuellen Bedeutung von Christologie hin: mithilfe einer intensiven Analyse der Christusbekenntnisse und -deutungen des Neuen Testaments (T. Nicklas, G. Hotze) und der Entwicklung des christlichen Dogmas (J.-H. Tück). Hier finden sich Antworten auf die Frage, wie man etwa Kreuzestheologie und Sühnetod und die Rede von der „endgültigen Offenbarung" heute verstehen kann.

**Gerhard Hotze/Tobias Nicklas/Markus Tomberg/ Jan-Heiner Tück, Jesus begegnen. Zugänge zur Christologie (Theologische Module 3), 215 S., 2009 Herder, ISBN 978-3-451-29662-8, 16,90 EUR**

## ZUM WEITERLESEN

Giuseppe Alberigo/Josef Wohlmuth (Hgg.), **Dekrete der ökumenischen Konzilien,** Band 1., 3. Aufl. 2002, 187 S., ISBN 978-3-506-79806-0, 78,- EUR
Der erste von drei Bänden enthält die Konzilsdekrete des ersten Jahrtausends vom Ersten Konzil von Nizäa (325) bis zum Vierten Konzil von Konstantinopel (869–870).

Hans Hollerweger, u. a., **Christen im Orient,** Linz 2003, 20 S., 2,- EUR
Diese Broschüre, die das orientalische Christentum nicht nach seinen Kirchen, sondern in seiner Verteilung auf die verschiedenen Länder des Nahen Ostens vorstellt, kann zum Preis von 2,- EUR bei der Initiative Christlicher Orient (ICO), *ico.dioezese-linz.at*, bezogen werden.

Christian Lange/Karl Pingérra (Hgg.), **Die altorientalischen Kirchen. Glaube und Geschichte,** 2. Aufl., 178 S., 2011 Wissenschaftliche Buchgesellschaft, ISBN 978-3-534-24722-6, 29,90 EUR

• Wie schon so oft hier erneut der Hinweis auf die **Schriften der Kirchenväter online:** Die „Bibliothek der Kirchenväter" **www.unifr.ch/bkv**, die das Departement für Patristik und Kirchengeschichte der Universität Freiburg/Schweiz komfortabel im Internet zugänglich gemacht hat. Die meisten Schriften sind erstaunlich erfrischend und leicht zu lesen; die Lektüre bietet unvergleichliche Einblicke in das Denken der Adoptianer, Logostheologen, Kappadokier …

### Hinweis
Publikationen aus dem **Katholischen Bibelwerk e.V.** können Sie bestellen unter
Tel. 0711-6 19 20 50
Fax 0711-6 19 20 77
bibelinfo@bibelwerk.de
www.bibelwerk.de

Alle lieferbaren Bücher können Sie bestellen bei **bibelwerk impuls**
Tel. 0711-6 19 20 37
Fax 0711-6 19 20 30
impuls@bibelwerk.de
www.bibelwerk.de

### In eigener Sache: Kurzkommentare zu den Evangelien

Eine besondere Kurzkommentar-Reihe zu den vier Evangelien liegt seit Februar 2013 im Bibelwerk e.V. komplett vor. Jeder Einzelband bietet eine eng am griechischen Urtext entlang gehende wörtliche Übersetzung, die nach Sinnzeilen gegliedert und so gesetzt ist, dass Textstrukturen gut zu erkennen sind. Direkt neben dem Bibeltext steht ein Kurzkommentar. Eine ausführliche Einleitung ermöglicht ein Verstehen des Gesamtwerks, die ausklappbare Gliederung verschafft einen Überblick, sodass man beim Lesen immer den großen Zusammenhang im Blick halten kann.
• **Eine universale Jesusgeschichte. Das Matthäusevangelium** aus dem Urtext übersetzt und kommentiert von Uta Poplutz, 280 S., 24,80 EUR
• **Das älteste Jesusbuch. Das Markusevangelium** aus dem Urtext übersetzt von Hans Thüsing und kommentiert von Hans Thüsing und Anneliese Hecht, 152 S., 13,80 EUR
• **Die lebendigste Jesuserzählung. Das Lukasevangelium** aus dem Urtext übersetzt von Rudolf Pesch und kommentiert von Thomas P. Osborne, 296 S., 24,80 EUR
• **Eine wortgewaltige Jesusdarstellung. Das Johannesevangelium** aus dem Urtext übersetzt und kommentiert von Joachim Kügler, 280 S., 19,80 EUR
**Zu bestellen bei: Katholisches Bibelwerk e.V. (siehe Hinweis links)**

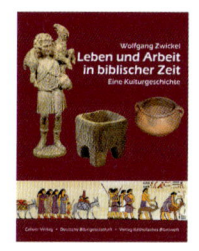

### Das besondere Buch: Leben und Arbeit in biblischer Zeit Eine Kulturgeschichte

Welchen Mittelmeerhafen hatte Israel in alttestamentlicher Zeit? Was ist der Geserkalender und wie sah ein Töpferofen aus? Und was wurde in Israel angepflanzt? Der Mainzer Professor für Altes Testament und Biblische Archäologie, Wolfgang Zwickel, der in „Welt und Umwelt der Bibel" schon vielfach den „Biblischen Alltag" verfasst hat, gibt in seinem Handbuch einen umfassenden Überblick über das tägliche Leben, aber auch über Land und Geschichte Israels. Der gut zu lesende Text erklärt Zusammenhänge, blickt auch auf Israels Nachbarstaaten – oder zieht Linien bis in die Gegenwart. Besonders informativ sind die reichhaltigen Exkurse, die häufig über wichtige archäologische Funde informieren. Ergänzt wird das Material durch zahlreiche Fotos, anschauliche Pläne, Landkarten und Zeichnungen.
**Wolfgang Zwickel, Leben und Arbeit in biblischer Zeit. Eine Kulturgeschichte,** 2013 Calwer Verlag/Deutsche Bibelgesellschaft/Verlag Kath. Bibelwerk (erscheint April 2013), 264 S., ISBN 978-3460-32787-0, ca. EUR 29,95

### Bildrechte

AKG-images 5 (Album/Oronoz) 14 (André Held), 39, 50 (Zeev Radovan), 56, 72
RMN Titelbild, 24
Nimatallah/AKG Paris 6
WUB-Archiv 8-9 Hintergrund
Held/Artephot 8
John Schwartzman/Sony Pictures 11
Marie-Lan Nguyen / Wikimedia Commons 12 re/li
D.R. 17, 21, 22, 23, 32, 34, 37, 55, 63, 68
Bencini/Artephot 18
Arles, Antikenmuseum 25
Jjensen/commons wikimedia 26
BNF 29
DEA/A. Dagli Orti 31
AKG Paris 35
NordNordWest/Uwe Dedering commons.wikimedia 38
Scala/Florenz 39
Ihsan Gercelman fotolia.com 40
Maros Markovic fotolia.com 42-43
Sébastian de Courtois 44
Welt und Umwelt der Bibel 46
picture-alliance, EPA/JIM dpa - Report 52-53
Clara Amit courtesy IAA 2 (beide)
DAI Orient-Abt. (Faustkeil) 3
A. Lukaszewicz du CPAM (Cäsar-Fragment) 3
godunk13, fotolia.de (Hintergrund) 60
Kinneret Regional Project 60-61 (alle)
Universität Basel 62
J.-B. Humbert 64 oben
KNA-Bild 64 unten
IAA 65 li
R. Senff, DAI 65 beide unten
BPK, Berlin, distr. RMN-GP 67 li
Library of Congress 67 re
Wolfgang Zwickel 69 beide
Landeshauptstadt Hannover Museum August Kestner, Foto: Chr. Tepper 70 li oben
Staatliche Münzsammlung München, Foto: N. Kästner 70 oben Mitte
Kunsthistorisches Museum Wien 70 unten
Staatliches Museum Ägyptischer Kunst, Foto M. Franke 71 beide

# BIBLISCHE ARCHÄOLOGIE AKTUELL

**ISRAEL** HORVAT KUR

## Ein Münzdeposit aus einer spätantiken Synagoge in Galiläa

Im Rahmen der Ausgrabungen auf Horvat Kur kam es zu umfangreichen Münzfunden. In den vier Grabungskampagnen von 2008 bis 2012 wurden bislang insgesamt 1119 Stück entdeckt. Der weitaus größte Teil dieser Münzen stammt aus der Synagoge. Eine auffällige Häufung fand sich auf einer relativ kleinen Fläche in der Vorhalle. Bei dieser Ansammlung handelt es sich mit größter Wahrscheinlichkeit um ein Münzdeposit, das ursprünglich unter den Fußboden gelegt wurde. Vergleichbare Befunde sind in einer ganzen Reihe spätantiker Synagogen der Region nachweisbar.

Im Sommer 2008, während der ersten Grabungskampagne in Horvat Kur, wartete eine Überraschung auf das Team von Archäologen und Volontären des Kinneret Regional Projects (www.kinneret-excavations.org): Innerhalb kürzester Zeit wurden auf einer verhältnismäßig kleinen Fläche im Vorhof des Gebäudes, das sich später als Synagoge herausstellen sollte, über 70 Bronzemünzen entdeckt. Dies waren zwar nicht die ersten Fundmünzen der Grabung (vereinzelte Streufunde wurden schon vorher gemacht), aber ihre Dichte ließ erahnen, dass man hier auf etwas Besonderes gestoßen war. Dieser Verdacht sollte sich in den folgenden Jahren erhärten: Von 2010 bis 2012 fanden sich auf denselben wenigen Quadratmetern rund 1000 weitere Münzen (**Abb. 1**).

Die Fundmünzen waren stark verkrustet, sodass sie vor ihrer Weiterbearbeitung zuerst gereinigt werden mussten, um identifizierbar zu sein. Die Reinigung brachte immer wieder überraschend gute Ergebnisse. Ein schönes Beispiel dafür bietet ein unscheinbares Erdklümpchen, das sich als detailreicher Denar, geprägt unter dem römischen Kaiser Geta (189-211 nC), entpuppte (**Abb. 2**). Er stellt eine von ganz wenigen Silbermünzen dar, die entdeckt wurden – zumeist waren es Bronzemünzen. Neben Bronze- und Silber- fanden sich zudem drei Goldmünzen, wenn auch nicht als Teil der Deponierung. Durch ihre perfekte Erhaltung bilden sie die numismatischen Glanzpunkte der Ausgrabung (**Abb. 3**). Insgesamt haben sich die Münzen in der Erde von Horvat Kur verhältnismäßig gut konserviert, sodass über die Hälfte von ihnen sicher zu datieren ist.

Der weitaus größte Teil wurde zwischen 379 und 450 nC geprägt, der Zeit der theodosianischen Dynastie: Fast 80 % aller Funde fallen in die Regierungszeit der römischen Kaiser Theodosius I., Arcadius, Honorius und Theodosius II. Bei den meisten handelt es sich um kleine Bronzemünzen von geringem Wert, spätantikes Kleingeld gewissermaßen. Die sogenannten *nummi minimi* (kleinste Münzen) haben lediglich einen Durchmesser von 10 bis 20 mm, sind also ungefähr so groß wie ein 1-Cent-Stück. Das Spektrum der Münztypen ist überschaubar. Auffallend häufig sind Prägungen, die die Legende SALVS REIPVBLICAE aufweisen; sie zeigen auf ihrer Rückseite die Siegesgöttin Victoria, die einen Gefangenen hinter sich herzieht (**Abb. 4**).

Nur verhältnismäßig wenige Funde (rund 20 %) des Deposits stammen aus der Zeit vor oder nach der theodosianischen Dynastie. Zu den frühesten Münzen gehört der bereits erwähnte Geta-Denar, der ins Jahr 203 nC zu datieren ist. Die spätesten Prägungen stammen aus der Zeit Justinians I. (527–565 nC). Sie sind ein wichtiger Hinweis darauf, dass die Münzansammlung wohl frühestens in der Mitte des 6. Jhs. nC in der Vorhalle der Synagoge deponiert wurde.

Beim Fund von über 1000 Münzen auf kleiner Fläche stellt sich unweigerlich die Frage, worum es sich bei der ungewöhnlich dichten Konzentration handeln könnte. Eine naheliegende Erklärung bildet in solchen Fällen häufig die eines Hortes. Die Münzen wären dann Teil einer Spardose gewesen und in einer Notsituation vergraben worden, um sie sich später unter sicheren Umständen wieder zurückzuholen. Weshalb aber sollte Kleingeld gehortet werden? Trotz der großen Menge ist der Gesamtwert der Kleinbronzen gering, was eine Interpretation als Hort unwahrscheinlich macht.

Ein Blick auf die Befunde aus anderen Synagogen in der Umgebung von Horvat Kur kann bei der Klärung des Rätsels helfen. Er zeigt, dass es sich offenbar nicht um ein Einzelphänomen handelt, sondern dass ganz in der Nähe vergleichbare Ansammlungen von Münzen entdeckt wurden. In Kapernaum, Chorazin, Gush Halav und Meroth in Galiläa sowie in Ein Nashut, Dabiyyeh, Katzrin, Horvat Kanaf, Deir Aziz und Umm el-Qanatir im Golan wurden ähnliche Funde gemacht, die ebenfalls ins 5./6. Jh. nC datieren (**Abb. 5**). Besonders eindrücklich sind diejenigen aus der Synagoge von Kapernaum, wo sich die Zahl an gefundenen Kleinbronzemünzen auf über 24.000 Stück beläuft.

Interessant ist die Tatsache, dass die Münzansammlungen meist im Hauptraum der Synagoge oder in ihrem Eingangsbereich gefunden wurden. Ihre Fundlage unter den Plattenböden bzw. im Estrich von Mosaikböden gibt Anlass zur Annahme, dass sie im Zuge von Erstellungs- bzw. Erneuerungsarbeiten dort „verbaut" worden sind. Damit sind die Münzfunde wahrscheinlich vor dem Hintergrund eines bestimmten Brauchs zu verstehen, der mit der Errichtung eines wichtigen Gebäudes in Zusammenhang steht. Sie sind mit Gründungsdepositen vergleichbar, wie man sie aus antiken Tempeln kennt. Dort wurden an gewissen Stellen des Baus (insbesondere in den Ecken und an den Eingängen) bestimmte rituelle Objekte (z.B. Amulette) im Fundament eingebracht.

Analog zu diesen Gründungsritualen in antiken Tempeln kann auch die Funktion der Münzdeposite aus den Synagogen in Galiläa und dem Golan interpretiert werden. Sie wären dann in erster Linie zum Schutz des Gebäudes an besonders wichtigen Stellen deponiert worden. Edelmetallen und so auch Münzen wurden in der Spätantike apotropäische Kräfte nachgesagt. Sie waren in der Lage, böse Mächte abzuwehren. Dabei mag neben der Unvergänglichkeit des Materials auch das Münzbild eine Rolle gespielt haben. Durch ihre weite Verbreitung und leichte Verfügbarkeit waren die kleinen Bronzemünzen der apotropäische Baustoff der Wahl. Er wurde wohl in der Gemeinde in Form von Spenden eingesammelt. Den Spendern war es damit im Gegenzug bereits mit einem geringen Geldbetrag möglich, ihre dauerhafte Präsenz an einem positiven Ort zu markieren. Die Kollekte wurde unter dem Fußboden verteilt, sobald entsprechende Bauarbeiten anstanden. Mit verhältnismäßig einfachen Mitteln konnte damit die Synagoge vor dem Eindringen des Bösen geschützt werden. So auch in Horvat Kur, wo das Deposit offensichtlich direkt im Eingangsbereich platziert wurde.

■ Patrick Wyssmann (Bern)

**Abb. 1:** Luftaufnahme mit eingezeichnetem Münzbefund (rot eingefärbt)

**Abb. 2:** Geta-Denar vor (2a) und nach seiner Reinigung (2b)

**Abb. 3:** Solidus, geprägt unter Kaiser Justin II. (565-578 nC)

**Abb. 4:** Follis (mit der Legende SALVS REIPVBLICAE) geprägt unter Kaiser Arcadius in Antiochia

**Abb. 5:** Münzdeposite in spätantiken Synagogen Galiläas und des Golan

## BIBLISCHE ARCHÄOLOGIE AKTUELL

### ÄGYPTEN TAL DER KÖNIGE
## Eine der ältesten Sonnenuhren der Welt ausgegraben

Bei der Freilegung eines altägyptischen Grabes fanden Forscher der Universität Basel eine Sonnenuhr, die die Arbeiter beim Bau der Pharaonengräber möglicherweise zur Messung ihrer Arbeitszeit verwendeten.

Bei Grabungen ist ein Forschungsteam der Universität Basel im Tal der Könige in Oberägypten auf eine der ältesten altägyptischen Sonnenuhren gestoßen. Mitarbeitende des Ägyptologischen Seminars unter der Leitung von Prof. Susanne Bickel machten den Fund bei der Freilegung eines Grabeingangs.

Die Forschenden fanden ein abgeflachtes Stück Kalkstein (sogenanntes *Ostrakon*), auf dem mit schwarzer Farbe ein Halbkreis mit zwölf Unterteilungen zu etwa 15 Grad aufgezeichnet wurde. Eine Vertiefung in der Mitte der rund 16 Zentimeter langen horizontalen Grundlinie diente der Befestigung eines Holz- oder Metallstifts. Sein wandernder Schatten zeigt die Stunden an. Kleine Punkte in der Mitte jedes Stundenwinkels dienten dabei einer noch feineren Zeitmessung.

Der Fundort der Sonnenuhr befand sich im Bereich einiger Steinhütten, die im 13. Jh. vC als Aufenthaltsort der Arbeiter, die am Bau der Königsgräber beschäftigt waren, genutzt wurden. Möglicherweise diente die Sonnenuhr zur Messung ihrer Arbeitszeiten.

Die Unterteilung des Sonnenlaufes in Stunden war jedoch auch ein zentraler Aspekt in den auf den Wänden der Königsgräber aufgezeichneten Jenseitsführern. Diese Jenseitsführer oder Unterweltbücher sind illustrierte Texte, welche die nächtliche Fahrt des Sonnengottes durch die Unterwelt in ihrer zeitlichen Abfolge beschreiben. Die Sonnenuhr könnte auch die Beobachtung und Visualisierung dieser Fahrt unterstützt haben.

Mithilfe von Studierenden der Universität Basel konnten in der diesjährigen Grabungssaison zudem über 500 in den vergangenen Jahren geborgene, meist fragmentarische Objekte dokumentiert und zur wissenschaftlichen Aufarbeitung vorbereitet werden. Dazu gehört auch das gesamte Fundmaterial aus den unteren Schichten des 2012 entdeckten Grabs KV 64. In dem rund 3500 Jahre alten Grab entdeckten die Basler Forschenden damals einen Sarkophag, der die Mumie einer Frau namens Nehemes-Bastet enthält.

■ (Universität Basel, Chr. Dieffenbacher)

### DEUTSCHLAND JENA
## Ein Zugang zum Reich der Königin von Saba

Orientalisten der Universität Jena erstellen ein umfassendes Wörterbuch der sabäischen Sprache, denn „wenn wir die Sprache nicht verstehen, dann bleibt uns eine ganze Welt verschlossen", sagt Prof. Dr. Norbert Nebes von der Friedrich-Schiller-Universität Jena. Die Rede ist vom antiken Königreich Saba im heutigen Jemen, wo Sabäisch gesprochen wurde. Prof. Nebes ist einer der wenigen Wissenschaftler weltweit, die diese Sprache beherrschen. Doch bisher konnten Forscher die Geschichte der Sabäer und ihrer Könige, die ihre schriftlichen Zeugnisse von 800 vC bis ins 6. Jh. nC hinterließen, nur lückenhaft rekonstruieren.

Diesen blinden Fleck auf der kulturhistorischen Landkarte zumindest teilweise zu entfernen, das ist Ziel eines jüngst gestarteten Forschungsprojekts. Gemeinsam mit seinem Team wird Norbert Nebes, Lehrstuhlinhaber für Semitische Philologie und Islamwissenschaft, ein Wörterbuch des Sabäischen erarbeiten, das als erstes Lexikon den gesamten sabäischen Wortschatz vollständig erschließt.

Die Jenaer Wissenschaftler erforschen nicht nur die Sprache des Reiches der sagenumwobenen Königin von Saba. Mit ihrer lexikografischen Arbeit liefern sie auch einen wichtigen Schlüssel zur Entstehungsgeschichte des Islam. „Viele arabische Wörter im Koran finden sich schon im Sabäischen", erklärt Nebes. Das geplante Wörterbuch dient daher als interdisziplinäres Nachschlagewerk, auch für Islamwissenschaftler, Althistoriker, Archäologen und Theologen. *„Denn die sabäische Sprache spielt eine wichtige Vermittlerrolle zwischen den altorientalischen Kulturen und dem Islam"*, verdeutlicht Nebes.

Die Forscher werden eine Datenbank mit bereits digitalisierten sabäischen Inschriften nutzen, die seit den frühen 1990er-Jahren am Jenaer Lehrstuhl aufgebaut wurde und 10.000 altsüdarabische Inschriften enthält. Etwa die Hälfte der Texte ist in sabäischer Sprache verfasst. Alltägliche Dinge haben die Sabäer auf Holzstäbchen geritzt; meist sind es jedoch Monumentalschriften in Tempeln, an Bauwerken oder Felsen. Damit das Wörterbuch „nicht als dicker Schinken im Regal verstaubt", planen Nebes und sein Team die Veröffentlichung im Internet. „Ein Online-Wörterbuch ist für jedermann zugänglich und wir können es jederzeit aktualisieren." Zudem gehen die Forscher bei ihrer Wörtersuche nicht alphabetisch, sondern modular vor. Projektmitarbeiterin Dr. Anne Multhoff erläutert das unkonventionelle Konzept: „Wir nehmen uns Schritt für Schritt verschiedene *Textgruppen* vor – so, als würden wir ein Wörterbuch der *deutschen Sprache anhand Grimms Märchen* erstellen und es dann darauf aufbauend erweitern." Zu jedem entdeckten Wort werten die Wissenschaftler dann seine Bedeutung und die Fundstellen aus. Zuerst werden die Jenaer Forscher die Inschriften aus der Oase der sabäischen Hauptstadt Marib untersuchen; anschließend widmen sie sich juristischen Urkunden und anderen Rechtstexten.

Eine erste Version des Wörterbuches mit den Texten aus Marib soll schon Ende des Jahres online gehen. ■ (nach C. Hilbert, Universität Jena)

## BIBLISCHE ARCHÄOLOGIE AKTUELL

**JORDANIEN** TALL AL-HAMMAM
### Eine bronzezeitliche Ringstraße

Zu den größeren bronzezeitlichen Städten in Israel und Jordanien gehört der Tall al-Hammam im südlichen Jordantal, 14 km nördlich des Toten Meeres. Die Stadt erstreckt sich über ungefähr einen Quadratkilometer und bestand aus Ober- und Unterstadt. Die älteste, sechs Meter breite Stadtmauer datiert aus der Frühbronzezeit (3500–2350 vC). Dr. Steven Collins von der Trinity Southwest University und Yazeed Eylayyan vom Department of Antiquities, Jordanien, entdeckten 2012 das Stadttor der Mittelbronzezeit II (17750–1540 vC), mit Teilen der 4 m dicken Stadtmauer, die auf einem 5 m hohen Steinfundament auflag. Im Innern der Stadt lief eine Ringstraße zwischen der Stadtmauer und der ersten Reihe von Häusern. Eine massive, bis zu 50 m breite und 20–30 m hohe Rampe, ein *Glacis*, bestehend aus Erde, Ziegeln und Steinen, führte außen schräg zum Fuß der Mauer. Diese Technik ist typisch für Verteidigungsanlagen der Epoche. Es gibt keine Anzeichen, dass die Stadt erobert worden sein könnte, obwohl die Stadt nach dieser Periode 500 Jahre lang unbewohnt blieb, dann aber bis in die islamische Zeit besiedelt war. In der Eisenzeit II war die Stadt mit einer drei Meter starken Mauer umgeben und besaß ein Kammertor mit flankierenden Türmen.

Es ist vorgeschlagen worden, diese Stadt mit dem biblischen *Abel-Schittim* (Num 33,49) zu identifizieren, in dessen Nähe die Exodusgruppe gelagert haben soll. Vielleicht muss auch die von Herodes Antipas gegründete Stadt *Livias* hier gesucht werden, der Verwaltungssitz des Gebiets von Peräa. ■ (Trinity Southwest University/WUB)

**TÜRKEI** KARKEMISH
### Auf dem Weg zu einem archäologischen Park

Trotz der Kämpfe im nahen Syrien setzt der Archäologe N. Marchetti von der Universität Bologna seine Bemühungen fort, die Ausgrabungsstätte von Karkemish am Euphrat in einen archäologischen Park umzuwandeln und im Oktober 2014 für die Öffentlichkeit zugänglich zu machen. Nach dem Ende des Hetiterreiches herrschte hier eine luwische Dynastie. Eine zwei Meter hohe Stele, die Marchetti ausgrub, nennt um 975 vC einen König Suhi I. Marchetti entdeckte auch den Palast des Katuwa, erbaut um 900 vC, der 717 vC von den Assyrern übernommen wurde. Die befestigte Akropolis liegt am Euphratufer. Daran schloss sich die innere Stadt an, die ihrerseits ummauert war und weiter nach Westen die ebenfalls ummauerte äußere Stadt. Man kennt Toranlagen, Tempel und Paläste. Karkemish war eine der bedeutendsten Städte der Eisenzeit und gilt als eines der Zentren aramäischer Kunst. Beim Propheten Jeremia wird die Schlacht von Karkemish zwischen Ägyptern und Babyloniern unter Nebukadnezzar erwähnt (Jer 46). ■ (WUB)

**IRAK** ARBIL
## Vielfältige archäologische Aktivitäten

Im Norden des Iraks, in der autonomen Region Kurdistan, bezeugen die Restaurierungen der Zitadelle von Arbil sowie die Ausgrabungen im byzantinischen Kloster von Bazyan, dass die Archäologie in dieser Region wieder Forschungen betreiben kann.

**Die Zitadelle von Arbil**, errichtet auf einem jahrtausende alten Siedlungshügel.

Die Archäologie im Irak, genauer gesagt im Norden des Landes, in der autonomen Region Kurdistan, befindet sich im Aufschwung. Seit mehreren Jahren herrscht in der kurdischen Region eine gewisse Stabilität. Das zieht Flüchtlinge aus den anderen Teilen des Iraks ebenso an wie Investoren – und die Region investiert ihrerseits in die Kultur. Die Hauptstadt Arbil befindet sich zu Füßen der antiken Zitadelle. Sie ist einer der ältesten durchgängig bewohnten Orte der Welt – mit sieben- bis achttausend Jahren Geschichte. Von ihrem 32 m hohen Siedlungshügel aus beherrscht die Zitadelle heute eine Stadt mit mehr als 1,5 Millionen Einwohnern.

Bis 2007 war die Zitadelle noch von Menschen bewohnt. Die Wohnungen allerdings waren in sehr schlechtem Zustand. Für die Restaurierung wurden die meisten Familien umgesiedelt. Mithilfe der UNESCO rief die Regierung ein Projekt ins Leben, um die historische Anlage zu erhalten. David Michelmore, der damit beauftragt ist, einen Teil der Arbeiten zu koordinieren, erläutert: *„Wir wollen alte Bautechniken wiederentdecken. Die Regierung unterstützt uns, sodass Arbil zu einem Modell für weitere Restaurierungen im Land werden kann."* Die Mitarbeiter des Französischen Nahost-Instituts (IFPO) führen die Restaurierung des Chalabi-Hauses innerhalb der Zitadelle durch, eines prachtvollen Hauses einer einflussreichen Familie aus der osmanischen Zeit. Hier sollen zukünftig die Geschäftsräume des IFPO im Irak sein. Neben Arbil gibt es weitere historische Stätten, die restauriert werden. Auch die vielversprechenden Ausgrabungen im christlichen Kloster von Bazyan (5./6. Jh.) werden in Zusammenarbeit mit dem IFPO durchgeführt. Das Kloster befindet sich an einer alten Durchgangsstraße, die in der Sassanidenepoche in den Iran führte. Der Empfang der französischen Ausgräber durch die örtlichen Behörden war herzlich: *„Die Kurden freuen sich über die ausländischen Archäologen, die wegen der Unsicherheit in den restlichen Landesteilen des Iraks und in Syrien in die Region kommen. Mit ihrer Arbeit wird sichtbar, dass staatliche Einkünfte auch in geistige Werte reinvestiert werden, wie bei Universitäten oder archäologischen Projekten. Eine plurale Perspektive ist gewünscht, das heißt, nicht nur eine auf den Islam ausgerichtete Archäologie, sondern auch christliche Stätten werden berücksichtigt"*, erklärt Vincent Deroche (CNRS), der Verantwortliche der Ausgrabungen von Bazyan. *„Wir haben bereits eine Untersuchung in der Provinz von Suleymaniya eingeleitet, um nach Abschluss der Arbeiten in Bazyan eine neue Ausgrabungsstätte zu erschließen."*

■ (MdB, Sébastien de Courtois)

BIBLISCHE ARCHÄOLOGIE AKTUELL

## GAZASTREIFEN GAZA-STADT
### Bedrohte archäologische Schätze

Im Gazastreifen ist Pater Jean-Baptiste Humbert seit 19 Jahren unter schwierigen Bedingungen tätig, um die dortigen Ausgrabungsstätten zu bewahren. Dazu gehört auch die antike Hafenstadt Anthedon, wo im letzten Jahr wieder neue Funde ans Licht kamen. Porträt eines ungewöhnlichen Archäologen.

**Jean-Baptiste Humbert** fotografiert ein zerstörtes Haus im Gazastreifen

Im September 2012 wurden in Anthedon, der antiken Hafenstadt nahe Gaza, Teile der römischen Stadtmauer freigelegt (vgl. WUB 1/13). Wie schwierig die archäologische Arbeit im Gazastreifen ist, erklärt der Dominikaner Jean-Baptiste Humbert in einem Interview. Einen Einschnitt in seine Arbeit brachte der Gaza-Krieg im November 2012. Und obwohl Humbert, Direktor der archäologischen Abteilung der École Biblique et Archéologique von Jerusalem, seit vielen Jahren im Gazastreifen tätig war, entschied er: „Nach der ersten Bombennacht bin ich weggegangen." Begonnen hatte seine Arbeit im Jahr 1994, als Jean-Baptiste Humbert von der französischen Regierung ein Kooperationsprojekt mit der palästinensischen Antikenbehörde anvertraut wurde – gemäß des israelisch-palästinensischen Abkommens, dass Rettungsgrabungen und Erhalt des antiken Erbes in der Hand der palästinensischen Autonomiebehörde liegen. Gaza existiert nicht erst seit dem Nahost-Konflikt, sondern spielte bereits 3500 vC an der Handelsroute zwischen dem ägyptischen Reich der Pharaonen und Asien eine bedeutende Rolle. Als Hauptstadt der Philister sah es Assyrer, Babylonier, Perser, Griechen und Römer kommen und gehen, ohne dass es seine Handelsmacht verlor. In der byzantinischen Epoche erlebte die Stadt ihre größte Blüte.

Das französisch-palästinensische Gemeinschaftsprojekt, unter der gemeinsamen Leitung von Humbert und dem Palästinenser Moain Sadek, brachte etwas von dieser Vergangenheit ans Licht, als es die antike Hafenstadt Anthedon nahe Gaza ausgrub, deren Hafenanlagen bis ins 8. Jh. vC zurückgehen. Aber kaum war Anthedon dem Vergessen entrissen, bedeckten Bulldozer im Jahr 2005 die Stadt wieder mit Sand. Nach zehn Jahren guter Zusammenarbeit war im Gazastreifen die Hamas gewählt worden und die Kooperationsvereinbarungen wurden ausgesetzt. Die palästinensische Antikenbehörde zog sich nach Ramallah zurück.

Im Jahr 2009 wurde der Stützpunkt der Hamas direkt oberhalb der Ausgrabungsstätte durch israelisches Bombardement zerstört und danach auf dem Ausgrabungsgelände wiedererrichtet. Heute ist die ganze Stätte zudem von einem riesigen Bauprojekt gefährdet. „Ich habe Himmel und Erde in Bewegung gesetzt, um das Projekt zu retten", berichtet Jean-Baptiste Humbert. „Das Thema fand in der lokalen Presse ein gewisses Echo. Einige gaben ihre Machtlosigkeit zu: Wie soll in einem kleinen überbevölkerten Landstreifen, in dem es an Lebensraum fehlt, ein riesiges Gelände freigehalten werden zur Erhaltung von Ruinen? Muss man es als Kulturerbe erhalten? Aber das Kulturerbe hat sicher keine Priorität in einer eingekreisten Stadt, die einem harten Embargo unterworfen ist. Das archäologische Potenzial leidet schwer darunter."

Er führt weiter aus: „Die Blockade durch den Westen ist auch ein Embargo für die Kultur. Die Hamas hat dies verstanden. Trotz des Embargos lässt sich im Gazastreifen eine anfanghafte Begeisterung für das kulturelle Erbe erkennen und es entwickelt sich ein wirkliches Interesse, das sich nicht allein auf den Islam beschränkt. An einem weiteren Ausgrabungsort sind Arbeiten begonnen worden, auf dem Tell Zurob. Hier ließen sich in der Bronzezeit die Philister nieder, die zu den ethno-historischen Ursprüngen des Gazastreifens gehören. Vor zwei Jahren wurde ein weiterer bedeutender Ausgrabungsort ausgewählt, um ihn zu schützen und zu restaurieren: das Kloster des heiligen Hilarion, einer der Ausgangspunkte für das christliche Mönchstum im Nahen Osten." Pater Humbert betont: „Wenn wir uns nicht bewegen, wird Palästina verlieren und wir ebenso, denn das kulturelle Erbe ist ein gemeinschaftliches. Ich will die Archäologie retten, ohne Politik zu machen, retten, was noch gerettet werden kann."

■ (MdB, M.-A. Beaulieu)

## ISRAEL JERUSALEM
### Museum wiedereröffnet

Seit Anfang des Jahres ist das Museum des Deutschen Vereins vom Heiligen Lande in Jerusalem wieder eröffnet. Blickfang der Ausstellung in den Räumen des deutschen Gästehospizes Paulushaus sind die restaurierten – im 19. Jh. wissenschaftlich hochaktuellen – Tempelberg-Modelle des schwäbischen Missionars Conrad Schick. Schick kam 1846 als Mitglied der Baseler Pilgermission Sankt Chrischona nach Jerusalem und unterhielt Kontakte zu Vertretern der anderen Religionen. Im Auftrag der damaligen palästinensischen Antikenbehörde erforschte und vermaß er die Ausgrabungen unter dem Tempelberg. Außerdem entwarf er u. a. das jüdische Stadtviertel Mea Schearim.

Die Sammlung enthält außerdem zahlreiche archäologische Funde aus dem östlichen Mittelmeerraum, so auch Alltagskeramik und Münzen aus der Zeit des Alten und des Neuen Testaments. ■ (KNA/WUB)

**Restauriertes Tempelmodell** im Museum des Heilig-Land-Vereins.

## BIBLISCHE ARCHÄOLOGIE AKTUELL

**ISRAEL** JERUSALEM
### Funde aus der Zeit des Makkabäeraufstands

Bei Bauarbeiten für eine neue Bahnlinie in West-Jerusalem, im Viertel Kiryat Hayovel, stieß man auf Funde der Zeit vor und während des Makkabäeraufstands (2. Jh. vC). Parfümfläschchen, Weinpressen, Backöfen, Reste von Häusern und landwirtschaftliche Bauten verweisen auf die Bewohner und ihre Tätigkeiten in der unmittelbaren Umgebung Jerusalems zu dieser Zeit – eine Phase, die im Heiligen Land archäologisch weniger dicht belegt ist. ■ (IAA/WUB)

**VATIKAN/BETLEHEM**
### Vatikan unterstützt die Restaurierung der Geburtskirche in Betlehem

Der Vatikan unterstützt die Restaurierung der Geburtskirche in Betlehem mit 100.000 Euro. Dies teilten Vatikanvertreter bei einer Unterredung mit palästinensischen Verhandlungspartnern Ende Januar in Ramallah mit. Das Geld sei für die Instandsetzung des Daches der 1500 Jahre alten Kirche bestimmt. Experten warnten wiederholt vor einem Einsturz des hölzernen Dachstuhls. Notwendige Restaurierungsarbeiten kamen lange Zeit aufgrund der komplizierten Besitzverhältnisse, die im „Status quo" aus dem Jahre 1852 geregelt sind, nicht zustande. ■ (KNA)

**ISRAEL** MEGIDDO
### In Megiddo wird weiter geforscht

Östlich des Tells mit den bekannten eisenzeitlichen Monumenten von Stadttoren, Palästen und „Ställen" liegen auf der angrenzenden Ebene noch weitgehend unerforschte Siedlungsreste der alten Stadt. Mit Ausrichtung auf die Heiligtümer der Akropolis dehnte sich die Besiedlung der Stadt über eine große Fläche aus. Dieses Gebiet wird gegenwärtig von Matthew Adams (Jezreel Valley Regional Project) untersucht. Erste Befunde sind ein großer Steinbruch und Mauern eines monumentalen Gebäudes der Frühen Bronzezeit. ■ (WUB)

**GRIECHENLAND** OLYMPIA
### Teile des antiken Zeus-Tempels wiedererrichtet

Der Zeus-Tempel von Olympia gilt als Höhepunkt der dorischen Baukunst und beherbergte einst eines der sieben Weltwunder, die große Statue des griechischen Göttervaters Zeus. Heute können Besucher den Aufbau und die Dimension des berühmten Tempels anhand des Ruinenfelds nur noch schwer erkennen, denn im 6. Jh. nC hatten zwei Erdbeben den großen Tempel vollständig zerstört.

In den letzten Jahren führte das Deutsche Archäologische Institut (DAI) daher zahlreiche Restaurierungsmaßnahmen und partielle Wiedererrichtungen durch. Sie verwendeten dabei erhaltene originale Bauteile. Wie das DAI bekannt gab, konnte Ende November 2012 eine weitere Stufe der Restaurierung abgeschlossen werden, um den Bereich der westlichen Rückhalle des Tempels, den *Opisthodom*, den Besuchern verständlich zu präsentieren.

Doch ehe die fünf großen originalen Bauteile wieder zusammengefügt werden konnten, mussten zuerst 38 Architekturbauteile umgelagert werden, die bei den Grabungen im 19. Jh. dort liegen geblieben waren. Dann wurden die gut erhaltenen *Orthostaten* (große, aufrecht stehende Steinblöcke der untersten Lage eines Mauerwerks) gereinigt, von Flechten und Moosen befreit und Risse und Löcher mit einer feinen Mischung von Kunststein geschlossen, um weiteres Eindringen von Feuchtigkeit zu verhindern. Eine der untersten Trommeln der Opisthodom-Säule lag zwar noch *in situ*, war aber in drei Teile gebrochen. Diese wurden mit Titanstäben verbunden und das fehlende Stück mit Kunststein ergänzt. Abschließend erfolgte die Ausarbeitung der Säulenstücke in antiker Manier mit der Hand. Um die zwischen zwei und sieben Tonnen schweren Teile der Tempelsäulen zusammenzufügen, war ein Schwerlastkran nötig, der zentimetergenau zwischen die verstürzten Bauteile im Westen vor dem Tempel rangiert werden musste. Da keine Rekonstruktion einer vollständigen Säule möglich war, wurden die Teile teils mit Abstandhaltern aufeinandergesetzt. Zuoberst schließlich wurde das fast 7 t schwere südliche Opisthodom-Kapitell, das am besten erhaltene des Tempels, gesetzt. Damit können Besucher die Rückseite des Tempels (*Opisthodom*) wieder als Raum erfahren und die beiden allein durch Ihre Größe eindrucksvollen und gut erhaltenen Kapitelle aus der Nähe sehen. ■ (DAI/WUB)

**Ansicht des Zeus-Tempels** von Westen nach Abschluss der Arbeiten.

**Das gut erhaltene Kapitell** wird auf die unterste und die oberste erhaltene Trommel der südlichen Opisthodom-Säule aufgesetzt.

welt und umwelt der bibel 2/2013

DIE GROSSEN ENTDECKUNGEN | Das Amarna-Archiv der Pharaonen

# Einblick in die ägyptische Außenpolitik

Im Jahr 1887 wurde – eher zufällig – das diplomatische Archiv des Pharaos Echnaton in den Ruinen seiner Hauptstadt Achet-Aton entdeckt. Die Keilschrifttafeln enthielten Teile der außenpolitischen Korrespondenz zwischen dem ägyptischen Hof und seinen verbündeten Staaten. Der aufsehenerregende Fund veränderte auch das Bild von Palästina in der späten Bronzezeit, das bis dahin vor allem von alttestamentlichen Texten geprägt war. **Von Estelle Villeneuve**

Seine Nachfolger hatten versucht, die Erinnerung an Echnaton, den Pharao der 18. Dynastie, der von 1352 bis 1336 vC regierte, auszulöschen und so alle Veränderungen, die unter ihm stattgefunden hatten, wieder rückgängig zu machen. Doch mehr als 3000 Jahre später kam ein Teil des diplomatischen Staatsarchivs aus der Regierungszeit des Echnaton wieder ans Licht: Das riesige Archiv befand sich unter den Ruinen von Amarna, der kurzlebigen Hauptstadt Achet-Aton, die Echnaton zu Ehren des Sonnengottes Aton am östlichen Nilufer zwischen Theben und Memphis hatte erbauen lassen. Im 18. Jh. begannen Forscher und Archäologen, das Gelände zu untersuchen. Aber die Wissenschafter waren mehr daran interessiert, die Inschriften und Reliefs zu heben, die die Nekropolen ringsum schmückten, als die Geröllberge zu untersuchen, zu denen die verlassene Stadt im Laufe der Jahrhunderte geworden war. Für die *Fellachen*, die ägyptischen Bauern der Gegend, war das Gelände allerdings ein wertvoller Speicher mit fruchtbarer Erde. Dabei entdeckten sie zwischen Herbst 1886 und Frühling 1887 auch eine Menge von beschrifteten Tontafeln. Die Tafeln fanden schnell Abnehmer auf dem Schwarzmarkt, und mehr als 350 Tafeln gelangten schließlich in Museen und Privatsammlungen. Jedoch hatten die Tafeln durch unsachgemäßen Umgang erheblich gelitten, und wie viele der antiken Stücke zerstört worden waren, lässt sich nicht sagen.

Von dem anglikanischen Geistlichen Archibald Henry Sayce (1845–1933), der die ersten Tontafeln im Museum von Kairo untersuchte, wird überliefert, dass Bauern in Amarna ihm einige Keilschrifttafeln gezeigt hatten, ehe diese in alle Welt verstreut wurden, doch Sayce hatte damals keine Gelegenheit, sich weiter darum zu kümmern. Noch zwanzig Jahre später soll er geklagt haben: *„Wenn ich nur in jenem Winter hätte kommen können, dann wären die Tafeln in meine Hände gelangt, intakt und vollständig!"* Heute befinden sich viele der Tontafeln (203 Objekte) im Berliner Vorderasiatischen Museum, das den größten Teil des Archivs angekauft hat. Nach den ersten zufälligen Funden der Fellachen hatte der Ägyptologe W. M. Flinders Petri 1891/92 weitere 22 Tafeln gefunden, als er die Palastgebäude von Amarna ausgrub.

Doch kurz nach den ersten Funden sah es nicht gut aus für die antiken Dokumente: Auguste Frénay, ein Konsulatsangestellter, dem die Fundstücke angeboten wurden, hatte die Keilschrift erkannt und einige Tafeln gekauft. Bevor er über den Ankauf der restlichen Tafeln verhandelte, schickte er ein Muster an den französischen Assyriologen Jules Oppert, der sie jedoch als Fälschung ansah. Frénay wies folglich seinen Verkäufer ab, und als Sayce im Oktober 1887 nach Kairo zurückkehrte, war das Archiv des Echnaton auf dem ganzen Antiquitätenmarkt verstreut.

### Eine völlig neue Perspektive auf die biblische Welt

Und als die ägyptische Antiquitätenbehörde versuchte, die kursierenden Objekte sicherzustellen, heizte sie den

**Keilschriftbriefe des Abdi-Cheba**, Stadtfürst von Jerusalem, an die ägyptische Verwaltung unter Echnaton. Abdi-Cheba klagt über die Hapiru, die die Ordnung gefährdeten. Ob die Hapiru mit den Hebräern zusammenhängen, ist bis heute unklar.

**Archibald Henry Sayce** (1846–1933), britischer Assyriologe und Ägyptologe

Schwarzmarkthandel noch weiter an. Sayce konnte die Tafeln, die Frénay dem Direktor der französischen Schule in Kairo überlassen hatte, untersuchen und stellte ihre Echtheit fest. Voller Begeisterung verkündete er – ein wenig vorschnell –, dass diese in kursivem Neubabylonisch geschriebenen Briefe die Kopien von Depeschen aus Ägypten seien, gerichtet an Nebukadnezzar, den König von Babylon (6. Jh. vC).

Tatsächlich jedoch enthielten die Tontafeln Korrespondenzen der ägyptischen Außenpolitik aus ungefähr 30 Jahren. Sie stammen aus der späten Regierungszeit des Amenophis III., aus der Zeit des Echnaton und enden etwa im dritten Regierungsjahr des Tutanchamun (1344 vC). Vermutlich wurden diese Texte bei der erneuten Verlegung des ägyptischen Regierungssitzes von Achet-Aton nach Memphis unter Tutanchamun zurückgelassen.

Das Archiv des ägyptischen Hofes in Achet-Aton enthielt Briefwechsel sowohl mit Großmächten in Babylonien und Assyrien, in Hatti und Mittani sowie mit kleineren Vasallenstaaten in Syrien-Palästina, unter ihnen die Fürsten von Hebron, Sichem und Jerusalem. Sie versichern dem Pharao ihre Ergebenheit, schreiben über Streitigkeiten mit Nachbarfürsten oder bitten um Hilfe gegen Eindringlinge. Die Keilschrifttexte warfen plötzlich ein neues Licht auf die alltägliche Lokalpolitik im Israel der Spätbronzezeit, die bisher nur aus alttestamentlichen Texten bekannt war.

### Ein Zeugnis der biblischen Hebräer?

Als Sayce dann auf einer der Tafeln, die ihm zugänglich waren, das kleine Wort „Hapiru" las, war er versucht, es mit den Hebräern der Bibel in Beziehung zu setzen.

Viele Briefe an den Pharao bezeugen eine ernsthafte Bedrohung durch die Bevölkerungsgruppe der Hapiru. Die Stadtkönige schildern die Hapiru als paramilitärisch organisierte Banden, die ganze Regionen unsicher machten und die zumindest nominelle Vormachtstellung Ägyptens in Kanaan und Syrien ins Wanken brachten. Immer wieder bitten die Fürsten der Vasallenstaaten daher um ägyptische Hilfe. Doch Echnaton scheint keine Unterstützung geschickt zu haben. Abdi-Cheba von Jerusalem versucht eindringlich, dem Pharao den Ernst der Lage zu verdeutlichen: *„Der König [= der Pharao] hat kein Land mehr. Die Hapiru haben die Städte des Königs genommen (...)"*, wiederholt er in den sechs (oder sieben) Sendschreiben (EA 285–290 oder 291), die er an Echnaton richtet, um Verstärkung zu fordern und um die gefällige Haltung beziehungsweise die heimlichen Absprachen einiger seiner Nachbarfürsten mit den Unruhestiftern anzuprangern.

Sind diese Hapiru identisch mit den biblischen Hebräern? Die Aussicht, die Amarna-Briefe als Direktreportage vom Einzug der Israeliten ins Gelobte Land zu lesen, begeisterte mehr als einen Gelehrten. Allerdings ist bis heute unklar, wer sich hinter diesem Ausdruck versteckte, der ungefähr 70-mal in den Amarna-Briefen erwähnt wird. Nomaden? Gesetzlose? Söldner? Nach und nach, dank anderer Archive, die in Mesopotamien und Anatolien entdeckt wurden, wurde deutlich, dass die Hapiru vom 3. Jahrtausend vC an eine gesellschaftliche und rechtliche Kategorie von Personen bezeichnete; eine Gruppe von Menschen am Rand der Gesellschaft, meist Migranten. Während *Hapiru* also eine soziale Schicht meint, ist *Hebräer* im Alten Testament eine Bezeichnung für das Volk Israel. Die Verbindung zwischen beiden Begriffen ist bis heute immer noch nicht endgültig geklärt. ■

BIBLISCHER ALLTAG | **Badekultur im antiken Palästina**

**König David** erblickt die badende Batseba. Illustration aus der Bible Moralisée.

# „Und David sah vom Dach aus eine Frau, die badete" (2 Sam 11,2)

Dieser Bibelvers faszinierte über Jahrhunderte hinweg die christlichen Künstler, erlaubte er ihnen doch, in einer „heiligen Szene" eine nackte Frau abzubilden – den lüsternen David im Hintergrund. Ob die erotischen Fantasien der Künstler jedoch historische Realität wiedergaben, kann bezweifelt werden: Das hebräische Wort „*rachaz*" meint selten „baden", sondern in den meisten Fällen nur das Waschen einzelner Körperteile.
**Von Wolfgang Zwickel**

Betrachtet man sich die biblischen Texte aus vorhellenistischer Zeit, so werden in der Regel nur die Hände (Dtn 21,6; Ps 26,6; 73,13) und Füße (z. B. Gen 18,4; 19,2; 24,32; 43,24; Ri 19,21; 1 Sam 25,41), vielleicht noch das Gesicht (Gen 43,31) gewaschen. Jesu Jünger haben sich vor dem Essen noch nicht einmal die Hände gewaschen (Mt 15,2)! Abends vor dem Schlafengehen scheint man sich dagegen immer die Füße gewaschen zu haben (Hld 5,3), da man in der Regel keine festen Schuhe trug und die Füße daher stets staubig und schmutzig waren. Um – in seltenen Fällen – den ganzen Körper zu waschen, ging man an einen Fluss (vgl. Ex 2,5; 2 Kön 5,10.12). Eine Ganzkörperwäsche war in vorhellenistischer Zeit im Wohnhaus dagegen ziemlich ungewöhnlich. Daher wird sich auch Batseba nur die Füße gewaschen haben. In nachexilischer Zeit war das Baden und Ölen des ganzen Körpers dagegen für Frauen der Oberschicht durchaus üblich, um so die Attraktivität des eigenen Körpers zu steigern (Ez 23,40; Dan 13).

### Ein Luxus für die Oberschicht

In den Wohnhäusern der Königszeit gab es in der Regel keine Installationen, die für ein Bad geeignet waren. Auch dies schließt die Praxis einer Ganzkörperwäsche zu Hause eigentlich aus. Anders dagegen war die Situation in den Palästen. Im Gouverneurspalast in Ayyelet ha-Schahar, gegenüber von Hazor im Hulebecken gelegen, fand man eine kombinierte Toiletten- und Badeanlage aus dem 7.–5. Jh. vC. Hier wurde in einer kleinen Kammer ein aus mehreren zylindrischen Ringen zusammengesetztes Fallrohr gefunden, das wohl als Plumpsklo wie auch zur Wasseraufnahme bei einer Waschung gedient hat. An einigen Orten hat man in Palästen größere Becken gefunden, die als Badebecken gedeutet wurden, auch wenn diese Interpretation nicht zwingend ist. Eine Figurine aus Akhziv an der nördlichen Küste des Landes, die wahrscheinlich ins 6. Jh. vC datiert werden kann, zeigt eine sich badende Frau in einem flachen Becken (s. Abb.). Parallelen hierfür gibt es vor allem aus Zypern, sodass auch diese Figurine nicht einen einheimischen Brauch wiedergeben dürfte. Baden (oder „Duschen", denn zumindest in Ayyelet ha-Schahar wurde das Wasser wohl über den Kopf geschüttet) war in vorexilischer Zeit in Israel und Juda allenfalls auf die absolute Oberschicht beschränkt und stellte einen großen Luxus dar.

### Kultische Reinigungen

In der exilisch-nachexilischen Zeit spielten Ganzkörperwaschungen im Bereich des Kultes eine große Rolle. Für den Hohepriester war es nach der priesterschriftlichen Gesetzgebung nun verpflichtend, sich vor der Salbung zu seinem Amt (Ex 29,4; 40,12; Lev 8,6) und beim Großen Versöhnungstag (Lev 16,4.24.26.28) komplett zu waschen; für den Großen Versöhnungstag gilt dies auch für einen der Mitarbeiter des Hohepriesters. Auch im Rahmen des Rituals der Roten Kuh (Num 19) sollte sich der Priester baden (Num 19,7). Im normalen Kultvollzug hatten sich die Priester dagegen nur ihre Hände und Füße zu waschen (Ex 30,18-21; 40,30-32).

Die hohepriesterlichen Pflichten wurden dann nach dem biblischen Befund auf die allgemeine Bevölkerung ausgedehnt, sofern konkrete Verunreinigungen vorlagen. Wer mit Aussatz befallen war, sollte sich nach der Heilung als Zeichen der Reinigung waschen (Lev 14,8.9). Aber auch der Genuss eines Tieres, das tot aufgefunden wurde, musste mit einer Waschung verbunden werden, um das Blut des Tieres zu beseitigen (Lev 17,15.16). Auch nach Samenerguss, Menstruationsblutung und bei Geschlechtskrankheiten (Lev 15,5-27; Dtn 23,12) sollte man sich kultisch reinigen. Unsicher ist, ob diese kultischen Reinigungsvorschriften ihre Wurzel schon in der vorexilischen Zeit haben, um sich von Versündigungen zu reinigen (2 Sam 12,20; 2 Kön 5,10.12.13; Jes 1,16).

Diese in nachexilischer Zeit häufiger werdenden rituellen Waschungen für Privatpersonen machten im Laufe der Zeit besondere Einrichtungen hierfür nötig: die sogenannten Mikwen. Hierbei handelt es sich um spezielle Badeanlagen, die dann in der späteren Tradition zu einem Charakteristikum der jüdischen Religion wurden. Die ältesten bisher ausgegrabenen Installationen dieses Typs stammen aus der späthellenistischen Zeit, wurden aber erst in römischer und byzantinischer Zeit wirklich allgemein üblich. Inzwischen sind weit über 1000 Mikwen aus dieser Zeit in Palästina bekannt. Sie sind ein deutlicher Beleg dafür, wie sehr die kultische Reinheit eine immer größer werdende Rolle im Privatleben der Menschen eingenommen hat. Das Aufkommen der Mikwen in späthellenistischer Zeit bestätigt die steigende Bedeutung von Reinheitsvorstellungen in den spätnachexilischen biblischen Texten nachdrücklich.

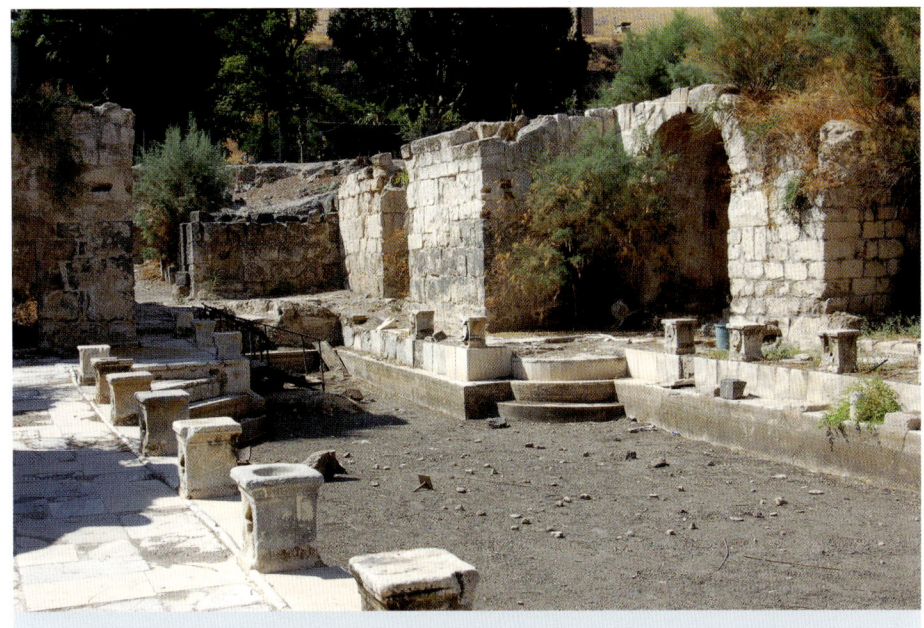

**Badebecken in Hamat Gader,** bis heute ein viel besuchter Badeort (südlicher Golan). Die Becken wurden im 2. Jh. nC von der zehnten Legion des Römischen Reichs, die im nahegelegenen Gadara stationiert war, erbaut.

### Römische Badekultur breitet sich nur begrenzt aus

Diese Entwicklung innerhalb des Judentums ist jedoch nicht ganz ohne Analogie im Mittelmeerraum. Die Griechen, aber insbesondere die Römer pflegten eine ausgesprochene Badekultur, die sich mit dem Voranschreiten des römischen Militärs und der römischen Kultur auch im östlichen Mittelmeerraum verbreitete. In Judäa scheint man jedoch in dieser Hinsicht sehr zurückhaltend gewesen zu sein. Statt der öffentlichen Badekultur entwickelte sich eine religiöse Reinheitskultur. Während das regelmäßige Bad ein Charakteristikum der römischen Kultur war und die Frauen der Oberschicht im gesamten Mittelmeerraum ohnehin ihren Körper mit Waschungen und Ölungen pflegten, wurde in Judäa die rituelle Reinigung zu einem Kennzeichen der jüdischen Religion. Die Grundlage hierfür liegt, wie die biblischen Texte deutlich zeigen, sicherlich schon in der Perserzeit. Die Reinigung nach gravierenden religiösen Verunreinigungen dürfte bereits in dieser Zeit existiert haben. Mit dem Aufkommen der griechischen und römischen Badekultur wurde offenbar der attraktive Gedanke einer regelmäßigen Körperreinigung in Judäa umgewandelt: Das Baden sollte exklusiv der bereits etablierten religiösen Reinigung dienen. Mit anderen Worten: Die kulturellen Neuerungen, die die Griechen und vor allem Römer mit sich brachten, wurden zunächst ausschließlich für die religiöse Praxis genutzt. Dies zeigt deutlich an, welche enorme innere Kraft die Religion des Judentums besessen haben muss!

Neben den Mikwen entstanden allmählich aber auch Privatbäder. Diese gab es nach unserem heutigen Wissen in frührömischer Zeit (40 vC–70 nC) zunächst nur in den Palästen der Herrschenden, die sich an den römischen Vorbildern orientierten. Erst in der mittleren Kaiserzeit (70–180 nC) kamen dann die ersten öffentlichen Badeanlagen auf. In der Regel entstanden sie nicht im jüdischen Kernland, sondern in den hellenistisch geprägten städtischen Zentren Palästinas. Aber erst in der späten Kaiserzeit (180–324 nC) setzten sich die Badeanlagen breit durch. Nun findet man auch in kleineren Städten entsprechende Bäder und Thermen. Der Triumph der hellenistisch-römischen Kultur ließ sich von der Religion nicht auf Dauer aufhalten, zumal die jüdischen Zentren auch auf kleinere Bereiche des Landes zurückgedrängt wurden. ■

**Frau in einem flachen Badebecken** gefunden in Akhziv

**Prof. Dr. Wolfgang Zwickel** ist Professor für Biblische Archäologie und Altes Testament an der Universität Mainz.

# AUSSTELLUNGEN UND VERANSTALTUNGEN

### Von Aphrodites Insel – Zyprische Altertümer

**HANNOVER** | BIS 20. MAI 2013

Nach dem antiken Mythos soll die griechische Liebesgöttin Aphrodite am Strand von Zypern einer Muschel entstiegen sein. Neben seiner mythologischen Bedeutung war Zypern als drittgrößte Insel im östlichen Mittelmeer ein wichtiges Verbindungsglied zwischen Orient und Okzident. Seine reichhaltigen Kupferlagerstätten machten die Insel früh zu einem Schmelztiegel vieler Kulturen und Völker. In der Sonderausstellung in Hannover kommen die über zehntausend Jahre Geschichte in archäologischen Zeugnissen zu Wort. Erstmals werden in einer Gesamtschau Gefäßkeramik, Kleinskulpturen und zyprische Porträtkunst aus dem Bestand des Museums der Öffentlichkeit vorgestellt.
*Museum August Kestner, Trammplatz 3, 30159 Hannover*
*Tel. 0511/168427 30*
*Di–So 11–18 Uhr, Mi 11–20 Uhr, Eintritt 7/5 EUR (freitags frei)*
*www.museum-august-kestner.de*

**Kopf eines bärtigen Mannes**, Kalkstein, Zyproarchaisch II (600–475 vC).

## Im Schatten der Pyramiden
### Die österreichischen Grabungen in Giza (1912–1929)

**WIEN** | BIS 20. MAI 2013

**Ausgräber Hermann Junker** und sein Team bei Freilegung der Mastaba des Schepsesptah, 1913.

Zu Beginn des 20. Jh. führte ein österreichisches Forscherteam Grabungskampagnen in den weitläufigen Privatfriedhöfen von Giza durch. Erweitert um internationale Leihgaben zeigt die Ausstellung eine Vielfalt von Objekten, die alle – von der lebensgroßen Grabstatue bis zum unscheinbaren Modellgefäß – nur dem einen Zweck dienten, nämlich den Fortbestand des Verstorbenen im Jenseits zu erleichtern. Höhepunkte der Ausstellung bilden die lebensgroße Grabstatue des Wesirs Heminunu, einem der Architekten der Cheops-Pyramide, sowie Einblicke in den unterirdischen Grabbereich und die Dokumentation der Grabungen Anfang des 20. Jh. Digitale Medien ermöglichen virtuelle Zeitreisen zum Giza-Plateau in der Zeit des Alten Reichs und in die Zeit der Entdeckung der Grabanlagen.
Die Ausstellung ist Ergebnis eines internationalen Projekts mit dem Ziel, alle verfügbaren archäologischen Informationen, Funde und Grabungsdokumente (wie Fotos, Tagebuchaufzeichnungen, Skizzen, Pläne) zur Giza-Nekropole elektronisch zu erfassen und übers Internet zugänglich zu machen.
*Kunsthistorisches Museum Wien, Maria-Theresien-Platz, 1010 Wien*
*Tel. +43 152524-0, Di–So 10–18 Uhr*
*Eintritt 14/11 EUR (Jugendliche unter 19 Jahren frei), www.khm.at*

## Kurz notiert

### Das konstantinische Medaillon – Konstantin 312

**MÜNCHEN** | BIS 30. SEPT. 2013

Das Jahr 312 markiert ein zentrales Datum der Weltgeschichte: Am 28. Oktober 312 schlug das Heer Konstantins d. Gr. die Truppen des Maxentius im Zeichen Christi. Auch wenn der Sieger in Christus wahrscheinlich zunächst nur eine Erscheinungsform des römischen Sonnengottes Sol Invictus gesehen hat, legte er mit seiner Förderung der christlichen Religion die Grundlagen für die nächsten Jahrhunderte weströmischer und byzantinischer Geschichte. Die Ausstellung zeigt die Geschichte Konstantins und seiner Gegenspieler im Spiegel der Münzen.
*Staatliche Münzsammlung München*
*Residenzstraße 1, (Eingang Kapellenhof)*
*80333 München*
*Eintritt 2,50/2,- EUR*
*www.staatliche-muenzsammlung.de*

### Überall zu Hause und doch fremd – Römer unterwegs

**AALEN** | BIS 6. MAI 2013

Im riesigen Römischen Reich lebten Menschen fern ihrer Heimat und doch im „eigenen Reich": Römer aus Nordafrika bauen sich in der germanischen Provinz ein neues Leben auf, Soldaten von den Britischen Inseln sind in Germanien stationiert. Die Ausstellung beleuchtet anhand von archäologischen Funden Einzelschicksale und macht so Bevölkerungsbewegungen in der Antike greifbar.
*Limesmuseum Aalen*
*St.-Johann-Straße 5, 73430 Aalen*
*Tel. 07361/528287-0*
*DI–So 10–17 Uhr, Eintritt 4/3 EUR*
*www.museen-aalen.de*

## Samarra – Zentrum der Welt
### 100 und 1 Jahr archäologische Forschung am Tigris

**BERLIN** | BIS 26. MAI 2013

Die Residenzstadt Samarra nördlich von Bagdad diente von 836 bis 892 als Regierungssitz des abbasidischen Kalifenreiches. Sie war eine der aufwendigsten Stadtanlagen der Welt mit Palästen, Moscheen, Jagdgehegen, Polospielfeldern und Pferderennbahnen. Wandmalereien, Lüsterkeramiken, chinesisches Porzellan sowie geschliffenes Glas sind Zeugnisse des Handwerks und der weitreichenden Handelsbeziehungen.
*Pergamonmuseum, Bodestraße 1-3*
*10178 Berlin, Mo–So 10–18 Uhr, Do 10–20 Uhr*
*Eintritt 10/5 EUR, www.smb.museum.de*

## CREDO
### Christianisierung Europas im Mittelalter

**PADERBORN** | 26. 7. BIS 3. 11. 2013

Wie wurde Europa christlich? Und was wissen wir über die Glaubensvorstellungen der Menschen vor dem Christentum? Exponate aus ganz Europa, wie seltene Papyrusfragmente mit Briefen des Paulus, irische Vortragekreuze, frühe Christusdarstellungen oder slawische Idole, vermitteln die Geschichte der Christianisierung.
*Erzbischöfl. Diözesanmuseum, Markt 17*
*Museum in der Kaiserpfalz, Ikenberg 2*
*Städtische Galerie, Am Abdinghof 11*
*Paderborn, Di–So 10–18 Uhr*
*Eintritt 12/6 EUR, www.credo-ausstellung.de*

## Zurück zu den Anfängen. Schätze früher Hochkulturen der Ägäis in der Antikensammlung

**BERLIN** | BIS 7. JUNI 2013

Die Ausstellung gibt einen Überblick über die Bronzezeit der ägäischen Region und die materiellen Hinterlassenschaften der bronzezeitlichen Entwicklung mit dem Höhepunkt der „Palastkultur".
*Altes Museum Antikensammlung*
*Am Lustgarten, 10178 Berlin*
*Mo–So 10–18 Uhr, Do 10–20 Uhr*
*Eintritt 8/4 EUR, www.smb.museum.de*

Weitere Veranstaltungen rund um die Bibel finden Sie auf **www.bibelwerk.de** > Kurse & Veranstaltungen

## Reise in die Unterwelt
### Jenseitsvorstellungen im Alten Ägypten

**MÜNCHEN** | BIS 9. JUNI 2013

Im Mittelpunkt der Ausstellung steht die Rekonstruktion der Grabkammer des „Königsschreibers und Domänenvorstehers Rai". Das Dekor der Grabkammer veranschaulicht den ägyptischen Jenseitsglauben in der Zeit der späten 18. Dynastie (1300 vC). Zugleich werden in dieser Grabkammer originale Grabbeigaben präsentiert, wie Statuen, Totenbuchpapyri, Uschebtis, Amulette und mitgegebene Gegenstände des alltäglichen Lebens.

Rai gehörte zur mittleren Beamtenschaft, seine Frau hatte als „Sängerin des Amun" auch ein Amt als Priesterin inne. Die Grabmalereien zeigen beide auf dem Weg ins Jenseits. Der zweite Teil der Ausstellung präsentiert in einem Fotopanorama die Tempel- und Grabanlagen in Theben-West und führt ins Tal der Könige.
*Ägyptisches Museum in der Residenz*
*Hofgartenstr. 1, 80539 München*
*Tel. 089/298546*
*Di 9–21 Uhr, Mi–Fr 9–17 Uhr, Sa/So 10–17 Uhr*
*Eintritt 3/2 EUR*
*www.aegyptisches-museum-muenchen.de*

**Mumienmaske** aus bemalter Kartonage. Der Skarabäus auf dem Kopf symbolisiert den Sonnengott, der den Verstorbenen schützen soll. 2.–3. Jahrtausend nC.

**Kornosiris.** In diesen Ziegel mit der Form des stehenden Gottes Osiris wurden Erde und Getreidekörner gefüllt. Die aufgehende Saat symbolisierte die Auferstehung des Osiris und den ewigen Kreislauf des Lebens. 700–400 vC.

## Der Weg des Petrus / Il cammino di Pietro

**ROM** | BIS 1. MAI 2013

Die rund 40 Bilder und Skulpturen dieser Ausstellung in der Engelsburg haben nur ein Thema: Petrus. Ikonen, Fresken und Gemälde aus rund tausend Jahren Kunstgeschichte erzählen Momente aus dem Leben des Apostels Petrus. Darunter sind Werke von Lorenzo Veneziano, Jan Breughel d. Ä., Vitale da Bologna, Giovanni Francesco Barbieri, Gerrit van Honthorst, Giorgio Vasari und Garofalo, aber auch der Malerschulen von Moskau und Nowgorod. Manche Motive sind bekannt, wie die Verleugnung des Petrus vor der Verhaftung Jesu oder der Apostel Petrus in Haft. Andere Kunstwerke greifen ungewöhnliche Motive auf, z.B. ein Bild von Marcello Venusti, einem Schüler Michelangelos, das den Moment wiedergibt, in dem Jesus im Garten Getsemani den schlafenden Petrus weckt. Bewusst stellt die Ausstellung keine unterschiedlichen Kunststile einander gegenüber, sondern gruppiert Szenen aus dem Leben des Simon Petrus, die erzählen, was Glauben ist.
*Engelsburg, Lungotevere Castello, 50 - 00186 Roma, Italia*
*Tel. +39 066819111, Di–So 9–19.30 Uhr*
*Eintritt 12 EUR*
*www.castelsantangelo.beniculturali.it*

## Die nächste Ausgabe im Juli 2013:

# Propheten
### Sänger – Priester – Schriftgelehrte

- Prophetie im Alten Orient, in Israel, Griechenland und Rom
- Propheten und Könige – Opponenten oder Partner?
- Prophetie in den Rollen vom Toten Meer
- Die Welt der Propheten und ihrer Hörer/innen

**Freuen Sie sich auf: 4/13 Herodes und seine Söhne**
**1/14 Was nicht im Alten Testament steht: Apokalypsen, Testamente, Himmelsreisen**

---

## Bibelwissenschaft vertieft

Das finden Sie in unserer Zeitschrift „**Bibel und Kirche**". Eben erschienen ist:

### Kleine Propheten ganz groß. Das Zwölfprophetenbuch

In den letzten 20 Jahren hat die Forschung am Zwölfprophetenbuch einen enormen Aufschwung erlebt. „Bibel und Kirche" dokumentiert dies.

**Bestellen Sie zwei Ausgaben von *Bibel und Kirche* kostenlos: Nutzen Sie unser Probe-Abonnement.**

Die nächsten Themen:
- Strukturveränderungen in der Kirche: Biblische Perspektiven
- Wie ist die Bibel wahr?

www.bibelundkirche.de

**Informationen und Bestellungen:**
Katholisches Bibelwerk e.V. • Postfach 150365
70076 Stuttgart • Tel. 0711 / 619 20-50 • Fax 0711 / 619 20-77
bibelinfo@bibelwerk.de • www.bibelwerk.de

---

## Welt und Umwelt der Bibel
ARCHÄOLOGIE · KUNST · GESCHICHTE

### IMPRESSUM
#### Heft 2/2013

„Welt und Umwelt der Bibel" ist die deutsche Ausgabe der französischen Zeitschrift „Le Monde de la Bible", Bayard Presse, Paris. „Welt und Umwelt der Bibel" ist interdisziplinär und ökumenisch ausgerichtet und entsteht in enger Zusammenarbeit mit international anerkannten Wissenschaftlern.

Verlag:
Katholisches Bibelwerk e.V.,
edition „Welt und Umwelt der Bibel"
Postfach 15 03 65, 70076 Stuttgart,
Tel. 0711/61920-50, Fax: 61920-77
E-Mail: bibelinfo@bibelwerk.de,
www.weltundumweltderbibel.de
www.bibelwerk.de
Konto: Liga Stuttgart (BLZ 750 903 00)
Kontonummer 64 51 551

Redaktion:
Dipl.-Theol. Helga Kaiser
Dipl.-Theol. Barbara Leicht

Archäologische Beratung:
Prof. Dr. Robert Wenning, Münster

Korrektorat:
Michaela Franke M.A.,
m._franke@web.de

Anzeigenverwaltung:
Ralf Heermeyer, heermeyer@bibelwerk.de

Erscheinungsort: Stuttgart

© S. 3 (rechts), 6, 21, 23-24, 29, 31, 35, 37, 63 (links), 64 (oben), 66-67 Bayard Presse Int., „Le Monde de la Bible" 2002, 2013, all rights reserved;
© sonst edition „Welt und Umwelt der Bibel"

Übersetzung:
Christa Maier

Gestaltung:
Olschewski Medien GmbH, Stuttgart

Druck:
Druckerei Raisch GmbH + Co. KG, Reutlingen

PREISE:
„Welt und Umwelt der Bibel" erscheint vierteljährlich.
Einzelheft: € 9,80 zzgl. Versandkosten, (für Abonnenten € 7,50)
Jahresabonnement: € 36,- ermäßigtes Abonnement für Schüler/Studierende € 28,- (jeweils inkl. Versandkosten)

AUSLIEFERUNG:
Schweiz:
Bibelpastorale Arbeitsstelle des SKB,
Bederstr. 76, CH-8002 Zürich,
Tel. 044/2059960,
Fax: 044/2014307;
Einzelheft sFr 19,- zzgl. Versandkosten (für Abonnenten sFr 16,-),
Jahresabonnement sFr 70,- (inkl. Versandkosten)

Österreich:
Österreichisches
Katholisches Bibelwerk,
Stiftsplatz 8,
A-3400 Klosterneuburg,
Tel. 02243/32938,
Fax: 02243/3293839
E-Mail: zeitschriften@bibelwerk.at
Einzelheft € 11,30
(für Abonnenten € 9,50)
Jahresabonnement € 38,-
(je zzgl. Versandkosten)

Eine Kündigung des Abonnements ist mit einer vierwöchigen Kündigungsfrist zum Jahresende möglich.

# Welt und Umwelt der Bibel
ARCHÄOLOGIE · KUNST · GESCHICHTE

# Lieferbare Hefte
(Inhaltsverzeichnisse können Sie einsehen unter www.weltundumweltderbibel.de)

**1/96 – 3000 Jahre Jerusalem**
+ Reliefplan der Altstadt

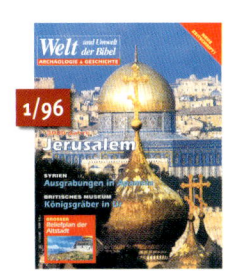

**2/96 – Die Schöpfung**
+ Textheft der Schöpfungserzählungen

**1/97 – Damaskus**
Drehscheibe des Orients

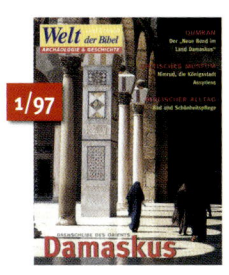

**2/97 – Das Heilige Land**
+ Karte biblischer und archäologischer Orte

**3/98 – Qumran**
Die Rollen vom Toten Meer

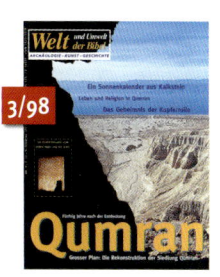

**4/98 – Jesus: Quellen – Gerüchte – Fakten**
Was wissen wir?

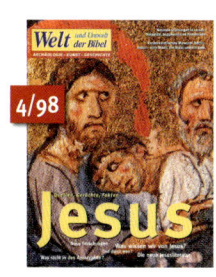

**1/99 – Gott und die Götter**
Das Rätsel des Monotheismus

**3/99 – Der Tempel von Jerusalem**
+ DIN A2-Faltplan

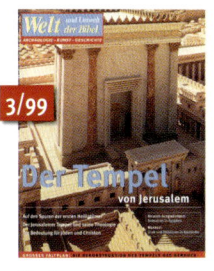

**4/99 – Christus in der Kunst (1)**
Von den Anfängen bis ins 15. Jh.

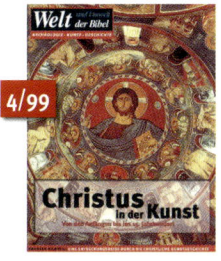

**Sonderheft 2000 – Auf dem Weg zur Kathedrale**
Die Entwicklung des Kirchenbaus

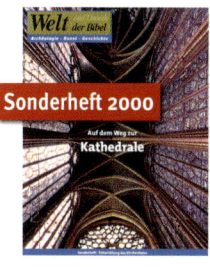

**1/2000 – Der Koran und die Bibel**
Heilige Schriften mit Geschichte

**2/2000 – Faszination Jerusalem**
Porträt einer beeindruckenden Stadt

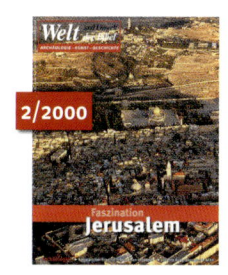

**4/2000 – Christus in der Kunst (2)**
Von der Renaissance bis in die Gegenwart

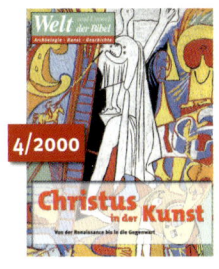

**1/01 – Petra**
Geheimnisvolle Stadt der Nabatäer

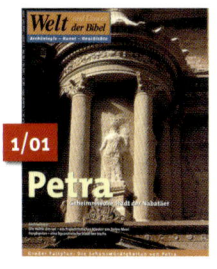

**2/01 – Paulus**
Ein unbequemer Apostel

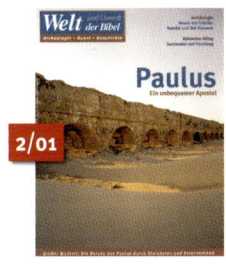

**4/01 – Echnaton und Nofretete**
Pharaonen des Lichts

**1/02 – Ugarit**
Stadt des Mythos

**2/02 – Jesus der Galiläer**
Die Umwelt der ersten Jüngerinnen und Jünger

**3/02 – Isis, Zeus und Christus**
Heidnische Götter und das Christentum

**4/02 – Himmel**
Wohnung der Götter – seit Jahrtausenden

**Sonderheft 2002 – Entlang der Seidenstraße**
Das Christentum auf dem Weg nach Osten

**1/03 – Sterben und Auferstehen**
Todes- und Jenseitsvorstellungen der Antike

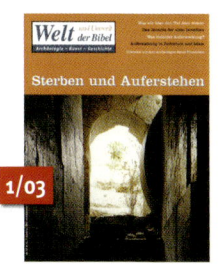

**2/03 – Wer hat die Bibel geschrieben?**
Zur Entstehung des Buches der Bücher

**3/03 – Die Kreuzzüge**
Kriegerische Pilgerfahrt in den Orient

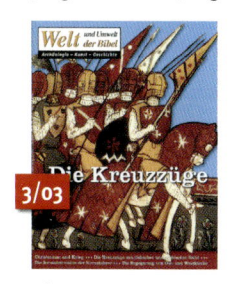

**4/03 – Abraham**
Symbolfigur für Juden, Christen und Muslime

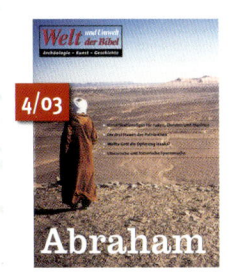

**1/04 – Der Nil**
Ein Strom und seine Heiligtümer + Karte

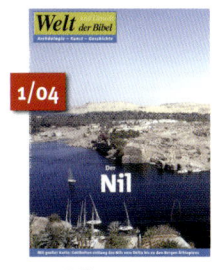

**2/04 – Flavius Josephus**
Geschichtsschreiber zur Zeit Jesu

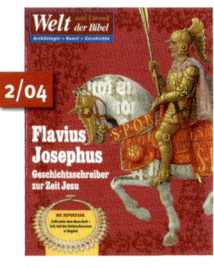

**3/04 – Der Jakobsweg**
Pilgern nach Santiago de Compostela

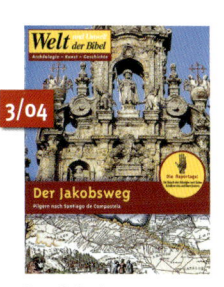

**4/04 – Prophetie und Visionen**
Zwischen Gegenwart und Zukunft

**1/05 – Von Jesus zu Muhammad**
Ausbreitung des arabisch-islamischen Reichs

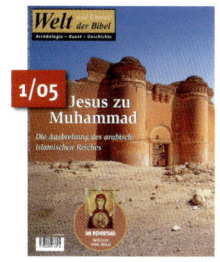

**2/05 Religionen im antiken Syrien**
Von den Aramäern bis zu den Römern

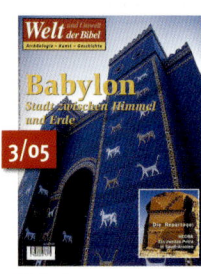

**3/05 Babylon**
Stadt zwischen Himmel und Erde

**4/05 Juden und Christen**
Geschichte einer Trennung

**Sonderheft 2006 Petrus, Paulus und die Päpste** – Das Papsttum

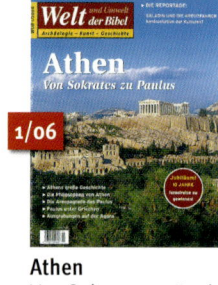

**1/06 Athen**
Von Sokrates zu Paulus

**2/06 Ostern und Pessach**
Feste der Befreiung

**3/06 Mose**
Mittler zu Gott

**4/06 Auf den Spuren Jesu (1)**
Von Galiläa nach Judäa

**1/07 Heiliger Krieg in der Bibel?**
Die Makkabäer

**2/07 Auf den Spuren Jesu (2)**
Jerusalem

**3/07 Verborgene Evangelien**
Jesus in den Apokryphen

**4/07 Weihnachten**
Grundlagen eines Festes

**1/08 Gott und das Geld**
Fluch und Segen des Mammon

**2/08 Maria Magdalena**
Jüngerin und Sünderin

**3/08 Die Anfänge Israels**
Die Diskussionen um die Landnahme

**4/08 Engel**
Boten zwischen Himmel und Erde

**1/09 Paulus**
Wegbereiter des Christentums

**2/09 Apokalypse**
Die Offenbarung an Johannes

**3/09 Konstantinopel**
Hauptstadt des Ostens

**4/09 Maria und die Familie Jesu**
... in Theologie, Dogmatik, Religionsgeschichte

**1/10 Das römische Ägypten**
Schmelztiegel der Religionen

**2/10 Pilatus und der Prozess Jesu**
Hintergründe eines Urteils

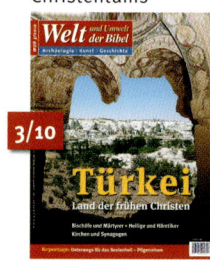

**3/10 Türkei**
Land der frühen Christen

**4/10 Kindgötter und Gotteskind**
in der Mythologie und im Neuen Testament

**1/11 Die Apostel Jesu**
Bis an die Grenzen der Erde

**2/11 Der Weg in die Wüste**
Die Anfänge des christlichen Mönchtums

**3/11 Unter der Herrschaft der Perser**
Israel erfindet sich neu

**4/11 Bedeutende Orte der Bibel**
Jubiläumsausgabe

**1/12 Der Koran**
Mehr als ein Buch

**2/12 Teufel und Dämonen**
Gegenspieler Gottes, Verführer der Menschen

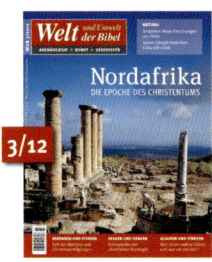

**3/12 Nordafrika**
Die Epoche des Christentums

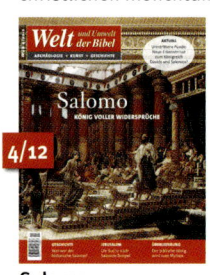

**4/12 Salomo**
König voller Widersprüche

**1/13 Jesusreliquien**
Der Versuch, Jesus konkret zu fassen

**2/13 Streit um Jesus**
Frühe Konzilen, erste Dogmen

## Die nächsten Heftthemen

**Die Propheten der Alten Welt:**
Gelehrte, Streiter, Sänger

**Herodes und seine Söhne:**
Herrscher zur Zeit Jesu

**Was nicht im Alten Testament steht:**
Unbekannte Apokalypsen, Testamente und Himmelfahrten

## Pläne, Sonderbände, Karten

### Pläne, Karten und Sonderbände bestellen

„Die Altstadt von Jerusalem" – Reliefkarte
A1, € 3,-
(ab 5 Ex. € 2,50)

„Das Heilige Land" – Landkarte
28 x 60 cm, € 1,- (ab 5 Ex. € -,50)

„Die Überlieferung der Bibel"
Wichtige Inschriftenfunde
A2, € 2,- (ab 5 Ex. € 1,50)

„Der Nil und seine Heiligtümer"
21,5 x 110 cm, € 2,- (ab 5 Ex. € 1,50)

„Orte am See Gennesaret"
Satellitenaufn. + Erläuterungen
A2, € 2,-
(ab 5 Ex. € 1,50)

„Der Tempel von Jerusalem"
Rekonstruktion + Luftaufnahme
A2, € 2,-
(ab 5 Ex. € 1,50)

„Paulus und das antike Korinth"
Stadtplan + Begleitheft
A0, € 5,90
(ab 5 Ex. € 5,-)

Judäa und Jerusalem
256 S., € 24,80

1001 Amulett
224 S., € 28,-

Von den Schriften zur (Heiligen) Schrift
175 S., € 29,-

**Bestellung bitte ankreuzen:**

☐ See Gennesaret € 2,-
☐ Altstadt Jerusalem € 3,-
☐ Tempel von Jerusalem € 2,-
☐ Das Heilige Land € 1,-
☐ Kartenset Heiliges Land: Alle 4 Karten nur € 5,-

☐ Das antike Korinth € 5,90
☐ Die Überlieferung der Bibel € 2,-
☐ Der Nil € 2,-

☐ Judäa und Jerusalem € 24,80
☐ 1001 Amulett € 28,-
☐ Musik in biblischer Zeit € 11,90
☐ Kleider in biblischer Zeit € 14,80
☐ Von den Schriften zur (Heiligen) Schrift € 29,-

ab Bestellung von € 50,- portofrei!
(nur innerhalb Deutschlands)

_____  _____
Datum   Unterschrift

## Einzelhefte

### Einzelheftbestellungen
Tel.: 07 11/6 19 20 50   Fax: 07 11/6 19 20 77   E-Mail: bibelinfo@bibelwerk.de

☐ 1/96 3000 Jahre Jerusalem
☐ 2/96 Schöpfung
☐ 1/97 Damaskus
☐ 2/97 Das Heilige Land
☐ 3/98 Qumran
☐ 4/98 Jesus: Quellen …
☐ 1/99 Gott und die Götter
☐ 3/99 Tempel von Jerusalem
☐ 4/99 Christus in der Kunst (1)
   Von den Anfängen bis ins 15. Jh.
☐ Auf dem Weg zur Kathedrale
   Sonderheft 2000
☐ 1/00 Der Koran und die Bibel
☐ 2/00 Faszination Jerusalem
☐ 4/00 Christus in der Kunst (2)
   V. d. Renaissance bis in d. Gegenwart
☐ 1/01 Petra. Stadt der Nabatäer
☐ 2/01 Paulus
☐ 4/01 Echnaton und Nofretete
☐ 1/02 Ugarit – Stadt des Mythos
☐ 2/02 Jesus der Galiläer

☐ 3/02 Isis, Zeus und Christus
☐ 4/02 Himmel
☐ Entlang der Seidenstraße
   Sonderheft 2002
☐ 1/03 Sterben und Auferstehen
☐ 2/03 Wer hat die Bibel geschrieben?
☐ 3/03 Die Kreuzzüge
☐ 4/03 Abraham
☐ 1/04 Der Nil
☐ 2/04 Flavius Josephus
☐ 3/04 Der Jakobsweg
☐ 4/04 Prophetie und Visionen
☐ 1/05 Von Jesus zu Muhammad
☐ 2/05 Religionen im antiken Syrien
☐ 3/05 Babylon
☐ 4/05 Juden und Christen
☐ Petrus, Paulus und die Päpste
   Sonderheft 2006
☐ 1/06 Athen
☐ 2/06 Ostern und Pessach

☐ 3/06 Mose
☐ 4/06 Auf den Spuren Jesu (1)
   Von Galiläa nach Judäa
☐ 1/07 Heiliger Krieg in der Bibel?
☐ 2/07 Auf den Spuren Jesu (2)
   Jerusalem
☐ 3/07 Verborgene Evangelien
☐ 4/07 Weihnachten
☐ 1/08 Gott und das Geld
☐ 2/08 Maria Magdalena
☐ 3/08 Die Anfänge Israels
☐ 4/08 Engel
☐ 1/09 Paulus
☐ 2/09 Apokalypse
☐ 3/09 Konstantinopel
☐ 4/09 Maria und die Familie Jesu
☐ 1/10 Das römische Ägypten
☐ 2/10 Pilatus und der Prozess Jesu
☐ 3/10 Türkei
☐ 4/10 Kindgötter und Gotteskind
☐ 1/11 Die Apostel Jesu

☐ 2/11 Der Weg in die Wüste
☐ 3/11 Unter der Herrschaft der Perser
☐ 4/11 Bedeutende Orte der Bibel
☐ 1/12 Der Koran. Mehr als ein Buch
☐ 2/12 Teufel und Dämonen
☐ 3/12 Nordafrika. Die christliche Epoche
☐ 4/12 Salomo
☐ 1/13 Jesusreliquien
☐ 2/13 Streit um Jesus

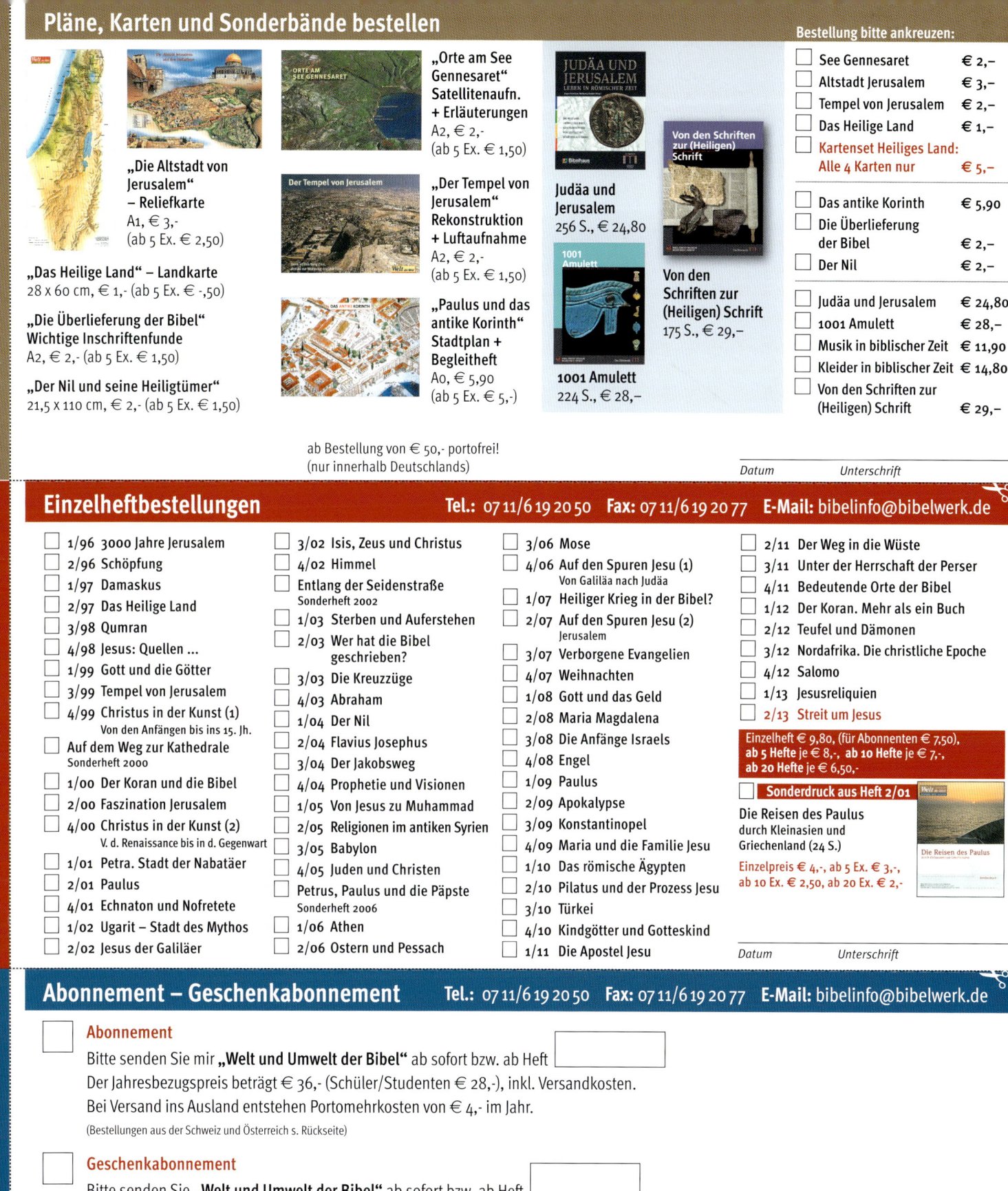

Einzelheft € 9,80, (für Abonnenten € 7,50),
ab 5 Hefte je € 8,-, ab 10 Hefte je € 7,-,
ab 20 Hefte je € 6,50,-

☐ **Sonderdruck aus Heft 2/01**
**Die Reisen des Paulus**
durch Kleinasien und Griechenland (24 S.)
Einzelpreis € 4,-, ab 5 Ex. € 3,-,
ab 10 Ex. € 2,50, ab 20 Ex. € 2,-

_____  _____
Datum   Unterschrift

## Abonnement

### Abonnement – Geschenkabonnement
Tel.: 07 11/6 19 20 50   Fax: 07 11/6 19 20 77   E-Mail: bibelinfo@bibelwerk.de

☐ **Abonnement**
Bitte senden Sie mir „Welt und Umwelt der Bibel" ab sofort bzw. ab Heft ☐
Der Jahresbezugspreis beträgt € 36,- (Schüler/Studenten € 28,-), inkl. Versandkosten.
Bei Versand ins Ausland entstehen Portomehrkosten von € 4,- im Jahr.
(Bestellungen aus der Schweiz und Österreich s. Rückseite)

☐ **Geschenkabonnement**
Bitte senden Sie „Welt und Umwelt der Bibel" ab sofort bzw. ab Heft ☐
☐ für 1 Jahr   ☐ bis auf Weiteres an folgende Adresse (Rechnung geht an Absender):

_____
Name, Vorname

_____
Straße, Hausnummer

_____
PLZ, Ort

_____
Unterschrift

### Ihr Begrüßungsgeschenk
Jede/r Neuabonnent/in erhält zwei Ausgaben von „Welt und Umwelt der Bibel" gratis.
Bitte wählen Sie:

1. _____

2. _____

**Bestellungen aus der Schweiz und Österreich bitte an folgende Adressen:**

**Schweiz:** Bibelpastorale Arbeitsstelle des SKB,
Bederstr. 76, 8002 Zürich,
Tel.: 044/2059960, Fax: 086/044 2059960
E-Mail: info@bibelwerk.ch
*Preise:* Einzelheft sFr 19.- zzgl. Versandkosten,
Jahresabonnement sFr 70.- inkl. Versandkosten

**Österreich:** Österreichisches Katholisches Bibelwerk,
Stiftsplatz 8, 3400 Klosterneuburg,
Tel.: 02243/32938, Fax: 02243/3293839
E-Mail: zeitschriften@bibelwerk.at
*Preise:* Einzelheft € 11,30 zzgl. Versandkosten,
Jahresabonnement € 38,- (erm. -25%) zzgl. Versandkosten

Absender:

_____
Name, Vorname

_____
Straße, Hausnummer

_____
PLZ, Ort

_____
Kundennummer (falls bekannt)

LP0607

Bitte freimachen, falls Marke zur Hand

Antwort
**Edition „Welt und Umwelt der Bibel"**
Katholisches Bibelwerk e.V.
Postfach 15 03 65
70076 Stuttgart

**Pläne, Sonderbände, Karten**

---

**Bestellungen aus der Schweiz und Österreich bitte an folgende Adressen:**

**Schweiz:** Bibelpastorale Arbeitsstelle des SKB,
Bederstr. 76, 8002 Zürich,
Tel.: 044/2059960, Fax: 086/044 2059960
E-Mail: info@bibelwerk.ch
*Preise:* Einzelheft sFr 19.- zzgl. Versandkosten,
Jahresabonnement sFr 70.- inkl. Versandkosten

**Österreich:** Österreichisches Katholisches Bibelwerk,
Stiftsplatz 8, 3400 Klosterneuburg,
Tel.: 02243/32938, Fax: 02243/3293839
E-Mail: zeitschriften@bibelwerk.at
*Preise:* Einzelheft € 11,30 zzgl. Versandkosten,
Jahresabonnement € 38,- (erm. -25%) zzgl. Versandkosten

Absender:

_____
Name, Vorname

_____
Straße, Hausnummer

_____
PLZ, Ort

_____
Kundennummer (falls bekannt)

LP0607

Bitte freimachen, falls Marke zur Hand

Antwort
**Edition „Welt und Umwelt der Bibel"**
Katholisches Bibelwerk e.V.
Postfach 15 03 65
70076 Stuttgart

**Einzelhefte**

---

**Bestellungen aus der Schweiz und Österreich bitte an folgende Adressen:**

**Schweiz:** Bibelpastorale Arbeitsstelle des SKB,
Bederstr. 76, 8002 Zürich,
Tel.: 044/2059960, Fax: 086/044 2059960
E-Mail: info@bibelwerk.ch
*Preise:* Einzelheft sFr 19.- zzgl. Versandkosten,
Jahresabonnement sFr 70.- inkl. Versandkosten

**Österreich:** Österreichisches Katholisches Bibelwerk,
Stiftsplatz 8, 3400 Klosterneuburg,
Tel.: 02243/32938, Fax: 02243/3293839
E-Mail: zeitschriften@bibelwerk.at
*Preise:* Einzelheft € 11,30 zzgl. Versandkosten,
Jahresabonnement € 38,- (erm. -25%) zzgl. Versandkosten

Absender:

_____
Name, Vorname

_____
Straße, Hausnummer

_____
PLZ, Ort

_____
Kundennummer (falls bekannt)

LP0607

Bitte freimachen, falls Marke zur Hand

Antwort
**Edition „Welt und Umwelt der Bibel"**
Katholisches Bibelwerk e.V.
Postfach 15 03 65
70076 Stuttgart

**Abonnement**